MÉMOIRES

DE

CAPTIVITÉ

Par

FABIEN BERGASSE

OFFICIER DÉMISSIONNAIRE

CHEVALIER DE LA LÉGION D'HONNEUR

CHEVALIER DU MÉRITE AGRICOLE

ANCIEN CHEF DES PARTISANS DE CAVALERIE DU GÉNÉRAL LAPASSET

SOUS METZ

PROPRIÉTAIRE A CESSENON (HÉRAULT)

PERPIGNAN

IMPRIMERIE DE L'INDÉPENDANT, 3, RUE LAZARE ESCARGUEL

1897

MÉMOIRES

DE

CAPTIVITÉ

MÉMOIRES

DE

CAPTIVITÉ

Par

Fabien BERGASSE

OFFICIER DÉMISSIONNAIRE

CHEVALIER DE LA LÉGION D'HONNEUR

CHEVALIER DU MÉRITE AGRICOLE

ANCIEN CHEF DES PARTISANS DE CAVALERIE DU GÉNÉRAL LAPASSET

SOUS METZ

PROPRIÉTAIRE A CESSENON (HÉRAULT)

PERPIGNAN

IMPRIMERIE DE L'INDÉPENDANT, 3, RUE LAZARE ESCARGUEL

—

1897

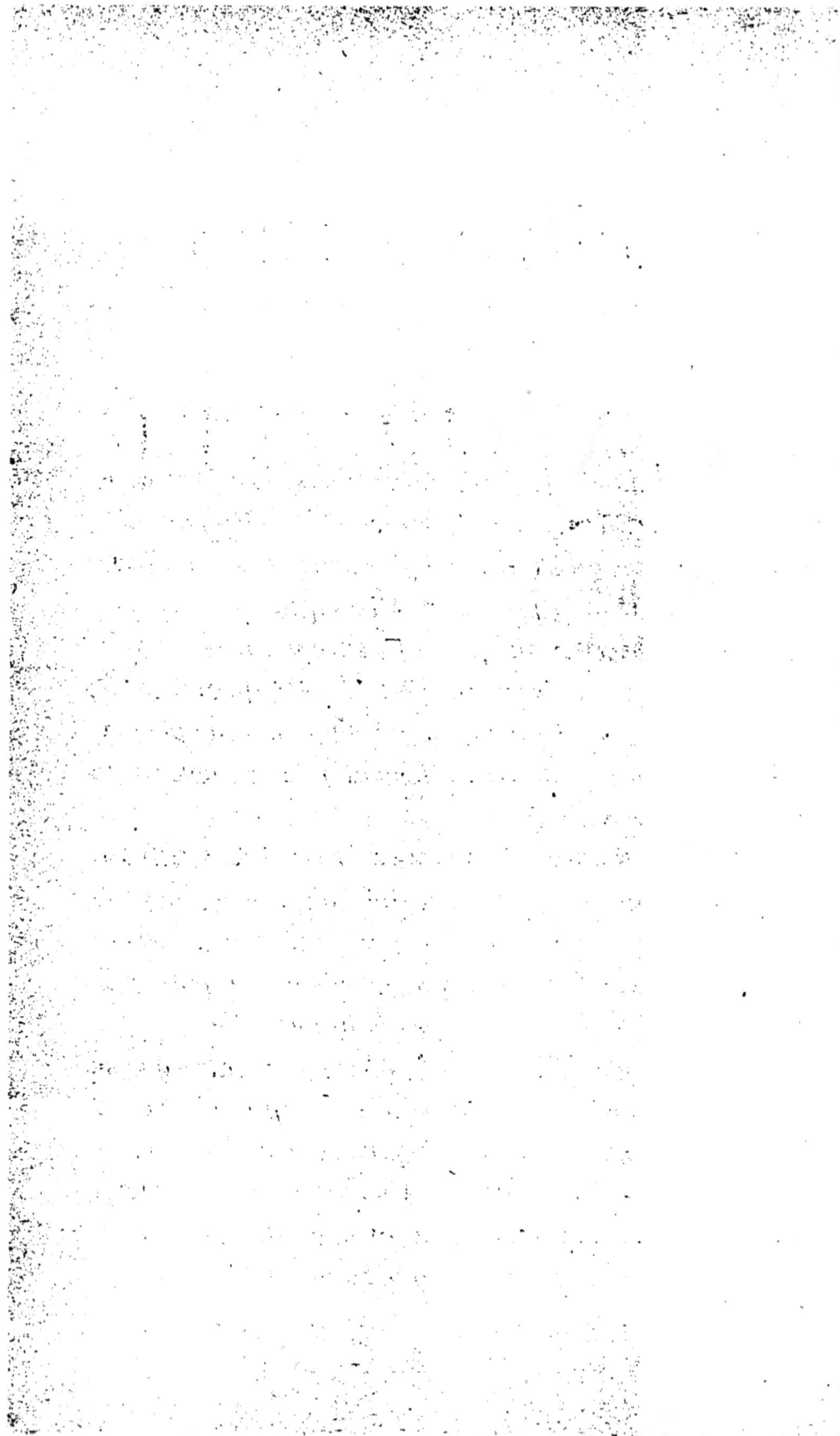

DÉDICACE

Tout pour la Patrie !

A LA JEUNESSE FRANÇAISE

*Pendant de longues années, j'ai hésité à
dévoiler à mes compatriotes les traitements abo-
minables qu'un officier français avait eu à subir
pendant sa captivité en Allemagne.*

*Je comprenais que la France vaincue, amoin-
drie par le rapt de deux de ses provinces si
aimées, avait grand besoin d'une longue période
de travail et de recueillement pour redevenir la
grande Nation.*

*Je refoulais au fond de mon cœur les souffran-
ces endurées, attendant avec impatience le relèvement complet de mon pays ; ce jour est enfin
venu, et le silence que je m'étais imposé par
patriotisme, je le romps dès aujourd'hui.*

*Oui, c'est bien à la jeunesse française que je
tiens à dédier mes souvenirs de captivité ; c'est à
elle principalement que je veux dévoiler l'atroce
conduite de ces infâmes Allemands qui m'ont tenu
sous les verrous pendant plus de cent jours,
depuis le 10 janvier jusqu'au 23 avril 1871.*

Je crois utile et même indispensable de faire connaître à notre nouvelle génération si laborieuse, si ardente et si patriote à la fois, les procédés barbares de l'Allemagne ; je le fais en toute assurance, parce que je sens en elle ce grand souffle du patriotisme qui embrase leurs jeunes cœurs.

Il me semble qu'un sang nouveau circule dans ses veines, et je veux en profiter pour attiser encore davantage, si cela est possible, ce feu sacré qui couve aujourd'hui sous la cendre, mais dont l'explosion sera d'autant plus terrible que le moment aura plus tardé à venir.

Ah ! jeunes gens qui me lirez, s'il m'était possible de faire passer dans vos cœurs la centième partie seulement du mépris et de la haine dont le mien déborde, je serais satisfait, parce que j'aurais la certitude d'avoir accompli une bonne action patriotique.

J'ai un fils que j'entretiens, depuis sa plus tendre enfance, dans cette haine et ce mépris.

Puisse-t-il un jour, aidé de vous tous, venger son père !

F. BERGASSE

Officier de cavalerie démissionnaire,
Chevalier de la Légion d'honneur.

PRÉFACE

—⁓⊕⁓—

Avant de commencer le récit de ma captivité, je dois à l'héroïque cité de Metz de retracer les derniers moments de son agonie :

Je faisais partie de l'armée qui se trouvait sous ses murs en qualité de chef de partisans de cavalerie du général Lapasset.

Ayant contracté, dans mes expéditions d'Afrique, l'habitude de noter, tous les jours, mes impressions sur le papier, j'en ai fait autant pendant cette funeste campagne de 1870-71, ainsi que pour toute la durée de ma captivité.

Ce sont ces notes prises au jour le jour et sous l'impression du moment, que je vais mettre sous les yeux de mes lecteurs, dans tout leur laconisme comme dans toute leur vérité ; j'y ferai de nombreuses coupures pour éviter des répétitions, mais on peut être certain que je n'y ajouterai pas une syllabe.

Si, parfois, mes appréciations paraissent dépasser certaine mesure, je prie le lecteur de se rappeler qu'on me faisait souffrir moralement et matériellement, et que les impressions que je couchais sur le papier ne pouvaient que s'en ressentir.

Cela dit, je vais laisser parler mes mémoires.

SOUVENIRS DE METZ

28 OCTOBRE

La consternation est sur toutes les figures ; on se rencontre sans mot dire et on se serre la main avec des larmes dans les yeux.

Nous n'avons encore rien d'officiel, mais il paraît que la capitulation est certaine.

Capituler !

Voilà donc où en est réduite cette brave armée de Metz qui n'a jamais été battue !

Capituler honteusement, sans avoir sérieusement essayé de percer les lignes ennemies !

Je crains bien que l'histoire ne vienne flétrir, un jour, cet acte inconcevable, de plus de cent mille hommes mettant bas les armes sans coup férir.

Pourquoi ne pas essayer une trouée ?

Beaucoup de généraux la croient possible, et je suis grandement de leur avis ; les masses que nous avons à notre disposition perceraient toutes les prétendues lignes qui nous entourent, nous l'avons suffisamment vu, le 31 août, à Servigny et Sainte-Barbe, mais pour cela, il faudrait ce qui nous manque, un homme d'action et de cœur à notre tête.

Il faudrait également, commencer par tenir au soldat le langage de la Patrie envahie, celui du devoir, en un mot, au lieu de lui faire entendre le langage de la lâcheté.

On dirait qu'une implacable fatalité pèse sur toutes les opérations de cette campagne, car on entend quelques officiers se faire les colporteurs complaisants de certains bruits odieux qui viennent paralyser nos efforts, en amenant le doute dans nos cœurs.

C'est à l'état-major général, sans doute, c'est auprès de Bazaine qu'ils vont se retremper ; malheur à eux, si plus tard la lumière se fait, car ils auront, comme lui, de terribles comptes à rendre !

Des bruits circulent jusqu'aux avant-postes, où je me trouve comme chef de partisans, que le général de Clinchant demande 20.000 hommes pour faire une trouée.

Ah ! si nous avions tous nos généraux, sans exception, avec de pareilles idées, ce n'est pas 20.000 hommes seulement qui se présenteraient, mais bien l'armée tout entière, qui ne demande qu'à échapper à la honte qui l'attend.

J'ai pleuré hier, en pensant à ma bonne vieille mère, à mon tendre père, et je verse encore aujourd'hui, au moment où j'écris, d'abondantes larmes ; je comprends combien ils doivent être inquiets sur l'existence d'un fils dont ils n'ont pas reçu de nouvelles depuis plus de deux mois.

Qui sait si la douleur n'a déjà pas conduit au tombeau ces deux têtes si chères !

Que d'angoisses de part et d'autre, car moi aussi je souffre, et doublement encore, parce que je souffre dans mon honneur de soldat que je mets au dessus de mon existence même.

La confiance que j'ai eue jusqu'au dernier moment, et que je réussissais à communiquer à ceux qui m'approchaient, vient de faire place à de cruelles terreurs, au découragement et au dégoût de la vie.

MINUIT

Le sommeil fuit loin de moi, je suis obligé de reprendre ma plume pour donner un libre cours aux impressions multiples qui m'obsèdent.

L'idée d'une capitulation, dans les conditions de force où nous sommes, m'exaspère.

Comment peut-il se trouver à la tête d'une armée française, une âme assez faible, un cœur assez dénaturé pour oser la concevoir !

L'idée de me rendre sans combattre fait bouillir mon sang dans les veines, et ma surexcitation est telle, que je crains pour ma raison.

Le projet du général de Clinchant a échoué ; je m'étais rendu à la caserne du génie où l'attendaient une quantité innombrable d'officiers appartenant à tous les corps de l'armée de Metz.

On prétend que Bazaine l'a empêché de s'y rendre.

Pas de direction, pas un officier général pour se mettre à notre tête !

Je ne veux pourtant pas me rendre, je ne peux me résoudre à subir une pareille humiliation.

Mettre bas les armes devant un ennemi qui n'a jamais tenu devant nous !

Je pleure de rage en y songeant, et pourtant le moment approche, il n'y a plus que quelques heures d'obscurité.

Je vais en profiter pour essayer de franchir les lignes ennemies.

Mais si ces bruits étaient faux ?

Si on ne se rendait pas ? Cruel supplice, que faire ?

. . . .

Je me décide à attendre, car j'espère encore, malgré tout.

En présence d'une situation semblable, je me laisse aller à envier ceux qui sont tombés au champ d'honneur.

La mort c'est l'oubli !

La vie, sera peut-être demain, la honte !

PROCLAMATIONS

Les proclamations suivantes, que j'ai extraites des journaux de Metz quelques jours avant la capitulation, attestent hautement l'héroïsme de cette admirable cité, si française de cœur.

Il n'est pas possible de faire entendre des accents plus patriotiques ; ils donnent une idée de la perte immense que nous avons faite.

Le *Journal de Metz* du 15 octobre, contenait la proclamation suivante à l'adresse de l'armée :

« Une armée qui n'a subi aucun revers, que la misère
« n'a pas encore éprouvée, pleine d'enthousiasme et
« n'attendant qu'une occasion favorable pour prendre
« une revanche éclatante de l'inaction dans laquelle l'a
« plongée un blocus forcé, existe sous les murs de
« Metz.

« Ses cavaliers démontés, devenant de solides fantas-
« sins, servent aux avant-postes des pièces de siège et,
« remettant le sabre au fourreau pour prendre gaiement
« le chassepot, veulent encore être utiles et rivaliser
« avec leurs braves camarades de l'infanterie.

       « Soldats et citoyens !

« Nous voulons tous, chasser l'ennemi audacieux qui
« a osé envahir notre territoire.

« Nous voulons connaître les privations, nous vou-
« lons les endurer ; nous voulons rester dignes de nos
« aïeux ou de nos pères, et nous trouvons que nous
« sommes encore bien loin d'avoir accompli cette grande
« tâche.

« Quand le froid aura raidi nos bras !
« Quand la faim aura amaigri nos membres !
« Quand le corps aura souffert !
« Le cœur soutiendra ce corps affaibli, et nous res-
« terons toujours debout pour crier : Vengeance ! et

« pour demander la mort plutôt que la honte et l'humi-
« liation.

« Et vous, habitants d'une héroïque cité, vous juste-
« ment glorieux de votre ville que l'étranger n'a jamais
« profanée, vous souffrirez aussi avec nous, parce que
« vous êtes français avant tout.

« Vos nobles et fortes compagnes, qui ont si coura-
« geusement montré leur dévouement à l'armée et au
« pays, ont foulé aux pieds tous les intérêts personnels
« pour venir, en pieuses sœurs de charité, apporter des
« consolations aux blessés et ramener les mourants par
« leurs soins assidus.

« Ces vaillantes femmes couronneront leur œuvre de
« désintéressement en supportant avec nous toutes les
« privations.

« Metz, cette brave ville qui a donné naissance à tant
« de grands caractères, aura, par sa persévérance,
« l'honneur de sauver la Patrie !

« Elle montrera que rien ne peut l'émouvoir et,
« comme ses glorieuses sœurs : Strasbourg, Toul, Ver-
« dun, Montmédy, Thionville, elle luttera avec toute
« l'énergie du désespoir, car elle préférera devenir un
« monceau de ruines plutôt que de parer le domaine de
« l'Étranger.

« Courage et patience !

« A bas toutes les mesquines considérations !

« A bas toutes les querelles intestines !

« Oublions pour un moment nos vieilles rancunes !

« Que tous les partis s'unissent pour la cause com-
« mune, et proférons tous ensemble le seul cri à présent
« national :

« Vive la France !

« Signé : G. Thomas. »

Voici une seconde proclamation parue dans le même
journal :

« Ces jours derniers, le mot de capitulation a été

« prononcé par quelques gens timides, peut-être même
« par des agents prussiens.

« Que tout le monde sache bien que l'armée et la
« population messine sont unies par la même pensée :
« Ne pas traiter avec l'ennemi ; toujours combattre, et
« si, dans cette lutte, dont nous ne nous dissimulons
« pas les dangers, nous devons résister seuls dans l'in-
« térêt de tous, sans le secours de l'intérieur, pleins de
« confiance dans la sainteté de notre cause, dans la
« valeur de nos régiments et dans le patriotisme de la
« cité, nous combattrons jusqu'au dernier soupir pour
« notre liberté.

« Après les forts, les remparts ; après les remparts,
« les barricades dans toutes les rues, et si, dans cette
« dernière lutte suprême, la ville doit succomber sous
« les cadavres de ses défenseurs, ces soldats incendiai-
« res, qu'on nomme Prussiens, n'entreront en possession
« que de ruines fumantes, et tout Messin emportera, en
« mourant, cette consolation que, si Dieu ne lui a pas
« permis de sauver le berceau de sa famille, il a, du
« moins, par ce combat à mort, mis à couvert, pour un
« moment, en arrêtant l'ennemi, la liberté de la France
« menacée.

« Citoyens de Metz, pas de capitulation !

« Mourons tous pour la France, nous vivrons dans
« l'histoire des peuples libres !

« Signé : UN MESSIN. »

Je citerai également l'adresse suivante des gardes
nationaux.

« A nos frères de l'armée.

« Les citoyens et gardes nationaux de la ville de
« Metz, inspirés par les nobles résolutions du conseil
« municipal, viennent vous offrir leur concours pour
« défendre l'indépendance de la Patrie menacée.

« Ils sont convaincus que vous accueillerez avec

« bonheur cette démarche, et que vous résisterez avec
« nous à toute idée de capitulation.

« L'honneur de la France et du drapeau que vous
« avez toujours défendu avec une invincible vaillance,
« la gloire de notre cité, vierge de toute souillure, nos
« obligations envers la postérité, nous imposent l'im-
« périeux devoir de mourir plutôt que de renoncer à
« l'intégrité de notre territoire.

« Nous verserons avec vous la dernière goutte de
« notre sang, nous partagerons avec vous notre der-
« nier morceau de pain.

« Levons-nous comme un seul homme, la victoire est
« à nous.

« Vivent nos frères de l'armée !

« Vive la France une et indivisible ! »

Suivent :
diverses signatures de gardes nationaux.

Les journaux de Metz étaient pleins, tous les jours,
d'articles patriotiques au point de vue de la défense de
leur ville jusqu'aux dernières extrémités.

Qu'il me soit permis, en terminant, de citer un fait
dont j'ai été le témoin, et qui est tout à l'honneur des
habitants de Metz :

Ce fait, n'est pas assez connu et peut-être même ne
l'est-il pas du tout, car j'étais seul avec le général
Lapasset, lorsque la proposition suivante lui a été faite :

C'était la veille de la capitulation ; je quittai les avant-
postes pour me rendre auprès du général Lapasset, dont
j'étais le chef des partisans de cavalerie.

A mon arrivée auprès de lui, il me tendit la main
avec des larmes dans les yeux et ne me dit que ces
mots : *C'en est fait !*

Mon général, lui répondis-je de suite, tout anxieux de
connaître sa réponse : « Vous nous avez toujours dit,

« depuis le commencement du siège, *que la brigade*
« *Lapasset ne se rendrait jamais !* ».

C'est vrai, me dit-il, et, faisant le geste de briser un
objet qu'il avait saisi avec frénésie, il se promenait à
grands pas, laissant échapper des monosyllabes, entre-
coupés de gestes furieux qui dénotaient l'extrême
surexcitation de ce grand cœur.

J'attendais toujours avec anxiété, une réponse aux
paroles que je venais de prononcer ; soudain, il s'arrêta,
et d'une voix pleine de tristesse qui ne s'effacera jamais
de mon souvenir, il me dit : « Je reviens à l'instant de
« chez le maréchal Bazaine, auquel j'ai fait part de
« mon projet ; il m'a répondu simplement : « *de ne pas*
« *faire de coup de tête !* »

J'allais répliquer, lorsqu'on frappa à la porte ; il
s'écria : Entrez ! comme s'il avait commandé : En avant,
à toute sa brigade.

C'étaient quatre Messieurs qu'il invita à s'asseoir ; je
voulais me retirer, il me retint d'un geste et c'est de
cette façon que j'ai pu assister à cette entrevue.

Le général ayant demandé à ces Messieurs l'objet de
leur visite, l'un d'eux lui répondit qu'ils étaient délé-
gués par le conseil municipal, pour venir lui offrir les
clefs de la ville et le commandement de sa défense.

Votre brigade seule nous suffit, car l'armée nombreuse que nous avons sous nos murs, n'a fait que con-
tribuer à notre ruine en endommageant fortement nos
ressources.

Avec la garnison de Metz et votre brigade, général,
s'écria-t-il, d'un ton énergique et convaincu, les Prussiens n'entreront pas dans nos murs !

Le général, surpris tout d'abord par une offre semblable, se mit à réfléchir un instant, puis présenta quelques
observations.

Il s'appesantit surtout sur le manque de vivres qui amènerait fatalement la reddition de la place à bref délai.

Ces Messieurs lui certifièrent tous, sur leur honneur, que la ville de Metz n'était pas en état, il est vrai, de subvenir aux besoins d'une grande armée, mais, qu'avec le seul noyau de troupes qui resteraient, les approvisionnements de Metz suffiraient pour bien longtemps.

Ces Messieurs se mirent alors à employer tous les arguments possibles, pour arriver à convaincre le général Lapasset, et le supplièrent, en fin de compte, d'accepter l'offre qui lui était faite.

Je commençais à espérer.

Le général arpentait la chambre à grands pas, ne sachant quel parti prendre ; le moment était solennel et décisif, je retenais ma respiration ; tout à coup, se retournant vers ces Messieurs, il les pria de l'attendre un instant, il voulait consulter ses officiers d'état-major.

A partir de ce moment, je n'eus plus d'espoir et j'avais bien raison, car il revint au bout d'un grand quart d'heure, et voici textuellement les paroles qui s'échappèrent de ses lèvres :

« Messieurs, je suis très flatté des offres que vous
« daignez me faire et j'accepte, mais à la condition
« expresse que vous ferez immédiatement sortir de la
« ville *les vieillards, les femmes et les enfants !* »

Un désappointement cruel se répandit sur les mâles figures des quatre Messieurs.

Ils eurent beau répéter au général ce qu'ils lui avaient déjà dit plusieurs fois, à savoir que les ressources de la ville étaient beaucoup plus considérables qu'on ne le supposait, et qu'il ne leur était pas possible de consentir au sacrifice qu'il exigeait de l'abandon de leurs vieux

parents, de leurs femmes et de leurs enfants ; rien ne
put ébranler sa détermination, et il se contenta de dire :
« *c'est mon dernier mot* ».

Ces Messieurs se retirèrent consternés !

Je quittai le général après leur départ, en lui disant
ces simples paroles : « Mon général, quel beau rôle
vous aviez à jouer !

Il m'étreignit la main avec force sans rien dire, je ne
le revis plus.

CAPITULATION DE METZ

29 OCTOBRE

Oh honte ineffaçable !

L'armée de Metz met bas les armes, et la ville ouvre ses portes au vainqueur !

Noble cité, tu as fait d'héroïques efforts, tu te préparais à en faire de plus grands encore ; tu étais digne d'un meilleur sort !

Par quelles combinaisons machiavéliques sommes-nous tous réduits à une pareille extrémité ?

Depuis longtemps déjà, je renfermais au fond de mon cœur des pressentiments sinistres ; je l'avoue franchement, Bazaine me faisait peur.

Il me semblait, en effet, que le commandant en chef d'une armée comme la nôtre, ne faisait pas son devoir pour la sortir de la fâcheuse situation où elle s'engageait de plus en plus.

En restant aussi longtemps sous les murs de Metz, il affamait la ville et diminuait ainsi la durée de résistance de ses habitants.

Il y a, du reste, bien d'autres reproches à lui faire :

1° Pourquoi le 16 août, à Gravelotte, n'a-t-il pas tenté de se frayer un passage, puisque nous sommes restés maîtres du champ de bataille ?

Pourquoi, au lieu de se laisser attaquer par l'armée prussienne à dix heures du matin, n'a-t-il pas lui-même pris l'offensive dès la pointe du jour ?

L'ennemi était loin d'être concentré et aurait été incapable d'empêcher notre jonction avec l'armée de Mac-Mahon ; la meilleure preuve qu'on puisse en donner, c'est que l'Empereur lui-même a quitté l'armée de Metz avec deux régiments de chasseurs d'Afrique comme escorte.

2° Pourquoi, le lendemain du 16, profitant des pertes énormes que venait de faire l'armée prussienne à Gravelotte, n'a-t-il pas réparé sa faute de la veille en marchant en avant? L'armée s'y attendait.

3° Pourquoi, le 18, a-t-il fait rentrer nos troupes en désordre sous les murs de Metz, où se trouvaient déjà 15.000 blessés!

4° Enfin, en admettant, ce qui peut être vrai, que l'armement des forts de Metz nécessitât la présence de son armée sous ses murs pour en compléter la défense, pourquoi, une fois cette défense achevée, n'a-t-il pas donné suite à la sortie du 26 août?

Il avait entre ses mains une armée aguerrie, désireuse de venger les défaites de Forbach et de Reischoffen, où le nombre l'avait emporté sur la valeur.

Avec elle, il pouvait tout oser, tout entreprendre; mais lorsqu'on jette un coup d'œil rétrospectif sur toutes ces fautes accumulées les unes sur les autres, on ne peut empêcher le soupçon d'entrer dans son esprit.

L'ambition égoïste le rongeait!

Il considérait Mac-Mahon comme un rival et non comme un frère d'armes; il prévoyait sans doute le désastre de Sedan, et, dans tous les cas, il n'a pas fait ce qu'il aurait dû faire pour l'éviter.

Oui, je ne me lasserai jamais de le répéter, *notre fausse sortie du 26 août* a été fatale pour la France; Bazaine pouvait marcher ce jour-là au secours de Mac-Mahon, et jeter dans la balance, le poids d'une armée de 120,000 hommes de troupes d'élite.

Au lieu de cela, qu'a-t-il fait?

Il devait se douter que l'histoire ne lui pardonnerait

pas de n'avoir pas essayé de briser et de franchir le cercle qui l'entourait, aussi a-t-il fait deux simulacres de sortie.

Dès la matinée du 26 août, tous les corps d'armée étaient massés en avant de Metz ; on est resté l'arme au bras toute la journée, et, à huit heures du soir, il a fait donner l'ordre de la retraite ; ce n'était donc qu'un simulacre de sortie, qui a fatigué bien inutilement tout le monde, car nous ne sommes rentrés dans nos bivouacs que vers une heure du matin.

Que de revers Bazaine n'eût-il peut-être pas épargnés à la France, s'il avait fait son devoir ce jour-là ?

5° Le 31 août, nouvelle sortie ; on croit enfin percer les lignes ennemies, tous les corps d'armée, comme dans la journée du 26, avaient pris position en avant des forts de Metz.

Bazaine attend jusqu'à quatre heures du soir pour donner le signal de l'attaque et encore n'engage-t-il sérieusement qu'un seul corps d'armée sur cinq.

Malgré ce mauvais vouloir préconçu de sa part, grâce à la bravoure de nos troupes d'attaque, les positions de l'ennemi étaient emportées d'assaut à huit heures et demie du soir, en dépit de sa puissante artillerie, dont une partie tombait entre nos mains.

Après un si beau succès, obtenu en quelques heures, au prix hélas ! de grands sacrifices, quel ordre va donner notre général commandant en chef ?

Le voici dans toute son ignominie ! *n'occuper que faiblement le terrain conquis*, de telle sorte que l'ennemi, qui s'était hâté d'amener des troupes fraîches sur ce point, reprit facilement, le lendemain, des positions qui n'avaient été gardées que par quelques compagnies seulement.

Pourquoi tant de sang versé, maréchal Bazaine ?

Pourquoi n'avoir pas continué toute la nuit une poursuite qui aurait pu se changer en désastre pour les Prussiens ?

Pourquoi, d'ailleurs, faire attaquer si tard ?

Vous ne connaissiez que trop la valeur de votre armée, et si vous ne l'avez lancée contre l'ennemi qu'à quatre heures du soir, c'est que vous étiez bien décidé, à l'avance, à ne pas profiter de votre victoire, vous couvrant du prétexte de l'obscurité de la nuit.

Au lieu de poursuivre les Prussiens, l'épée dans les reins, à la tête de votre armée, vous vous êtes retiré dans votre repaire du Ban Saint-Martin, votre quartier général, et c'est de là que vous avez envoyé l'ordre néfaste de battre en retraite.

Bazaine ! Tu as rêvé un rôle politique à la tête de ton armée, tu as rendu le désastre de Sedan inévitable.

Le rôle de ton rival Mac-Mahon, terminé, doit avoir rendu ton âme joyeuse ; tu ne dois pas avoir le cœur français, car tu n'en a pas les actes.

Tu te tenais sans doute à toi-même ce raisonnement égoïste et surtout anti-patriotique :

« Je suis à la tête de la seule armée régulière qui « existe en France ; qui sait ce que l'avenir me réserve ! »

Tu t'es mis à faire de la politique au lieu de mettre ta main sur la garde de ton épée.

Tu as cherché à ruser avec plus fin que toi ; tu as voulu jouer avec Bismarck, et tu as perdu la partie ; ce n'était pas douteux, tu étais un trop faible écolier pour un pareil maître !

Lorsque tu t'es aperçu que tu t'étais fourvoyé, et c'est là qu'est ton plus grand crime, tu n'as pas hésité à entraîner avec toi, ton armée, que tu avais trahie, et cette noble et héroïque ville de Metz.

Misérable !

Tu as profané les choses les plus saintes !

Tu as abusé de la confiance d'une brave armée que l'ennemi n'avait jamais pu entamer ; tu l'as bercée d'illusions, tu l'as nourrie de mensonges, pour cacher le piège infâme que tu lui tendais !

Tu nous fais aujourd'hui partager ta honte, mais rien au monde ne te délivrera de notre mépris !

Il faut que la France entière sache un jour, qu'elle avait mis à la tête de ses armées un lâche et un traître ; il faut que nos enfants apprennent, en naissant, à maudire ton nom !

Ah ! si la justice humaine ne t'atteint pas, je désire que le remords, qui doit être désormais ton partage, nous venge du mal que tu as fait à la France.

30 OCTOBRE

Pour arriver à son but, en face de l'exaspération générale, le maréchal Bazaine fait paraître un ordre dans lequel il est dit :

« Que les armes rendues devaient être déposées dans « les forts de Metz, où elles resteraient enfermées pour « être rendues à la France. »

Ce qu'il y a d'étrange, après tout ce qui s'est passé, c'est de voir de pareils mensonges trouver encore beaucoup d'oreilles crédules ; on veut être dupe jusqu'au bout, et on persiste à avoir confiance dans les paroles d'un homme qui nous trompe depuis si lomptemps.

Avalez donc le calice d'amertume jusqu'à la dernière goutte, vous tous qui ne voulez pas encore y voir clair ; rendez donc vos armes, et vous verrez bientôt les Prussiens les tourner contre la France.

Quant à moi, j'aimerais mieux perdre la vie, séance tenante, que de rendre les armes de mon peloton de

partisans ; c'est la première fois de ma vie que je déso-
béis aux ordres de mes chefs, car je viens de recevoir
cet ordre de mon colonel.

Non, jamais un ennemi que je méprise ne se parera
de ces armes, qui l'ont tenu en respect pendant plus de
deux mois aux avant-postes !

Je les fais briser et je noie mes munitions.

Je vends les chevaux de mes hommes aux habitants
du village que j'occupe, chaque cavalier touchant le
prix de sa monture.

Je ne rends pas davantage ces braves gens, que j'avais
eu l'honneur de commander dans un poste périlleux, je
n'en aurais pas eu le courage !

Je les ai embrassés tous, les yeux noyés de larmes,
depuis les sous-officiers jusqu'au dernier soldat et je
leur ai dit :

« *Allez où vous voudrez, excepté du côté des lignes
prussiennes !* ».............................

Il était stipulé dans la capitulation *(toujours d'après
le maréchal Bazaine)* que les Prussiens ne devaient
occuper que les forts et la porte Mazelle.

Amère dérision ! Le soir même, 30,000 Prussiens
inondaient la ville de Metz, où régnait un deuil
universel.

Braves habitants ! Vous avez eu raison de voiler d'un
grand linceul noir, la fière statue de votre général
Favert, avec sa noble devise :

« Si pour empêcher qu'une place
« Que le Roi m'a confiée,
« Ne tombât au pouvoir de l'ennemi,
« Il fallait mettre à la brèche
« Ma personne, ma famille et tout mon bien,
« Je ne balancerais pas un moment à le faire. »

Tu avais là un bel exemple à suivre, Bazaine !
Pourquoi ne t'en es-tu pas inspiré ?

1er NOVEMBRE

La brigade Lapasset, à laquelle j'appartiens, est désignée pour partir demain à six heures du soir pour la..... captivité !

L'envie ne me manque pas de la laisser partir, de rester dans Metz pendant quelques jours, sous un déguisement quelconque, et ensuite gagner la Belgique d'où je pourrais facilement rentrer en France ; mais j'ai mes camarades du régiment qui vont partir sans moi, et je n'ose pas les abandonner.

On nous dit d'ailleurs, que nous ne resterons pas en Allemagne plus d'une quinzaine de jours, puisque la reddition de Metz met fin à la guerre.

La France ne se lève pas, toujours d'après ce qui nous est dit, et voici le texte exact de toutes les communications officielles qui nous ont été faites, à la date du 19 octobre, par ordre de Bazaine :

« L'anarchie la plus complète règne en France.

« Paris est investi et affamé et doit se rendre dans « quelques jours.

« La discorde civile y paralyse la défense.

« Le désordre est à son comble dans le Midi de la « France.

« Le drapeau rouge flotte à Marseille, à Lyon et à « Bordeaux.

« Une armée de Bretons a été défaite à Orléans.

« *La Normandie appelle les Prussiens pour rétablir* « *l'ordre !*

« *Le Hâvre, Rouen ont appelé des garnisons prus-* « *siennes !*

« Un mouvement religieux a éclaté en Vendée.

« La Prusse réclame l'Alsace, la Lorraine et plusieurs « milliards d'indemnité.

« *L'Italie réclame la Savoie, Nice et la Corse.*

« Les d'Orléans ne veulent pas du pouvoir.

« *Les Prussiens ne veulent donc traiter qu'avec la*
« *Régence !*

« *Du reste, la discussion ne saurait être admise.*

Avec un pareil tableau sous les yeux, pourquoi abandonnerais-je mes frères d'armes !

Je me décide à ne pas fuir et à partager leur sort.

Nota. — J'ai apris depuis, combien on nous trompait !

J'ai su qu'à l'époque où je partais pour l'Allemagne, la France était déjà en République depuis deux mois ; j'ai connu les efforts surhumains qui ont été tentés, à la voix du grand Patriote, pour tenir tête à l'invasion, mais je l'ai appris trop tard ; j'étais déjà en Allemagne, **interné à Altona près de Hambourg.**

MA PREMIÈRE CAPTIVITÉ

EN ALLEMAGNE

Les officiers du 2e corps d'armée et ceux de la brigade Lapasset ont été désignés pour se rendre en captivité le 2 novembre, à six heures du soir ; on nous a entassés dans des wagons à bestiaux, pêle-mêle avec nos bagages.

Au bout de quelques heures, la France disparaissait à nos yeux, nous étions en Allemagne !

Ces mêmes wagons à bestiaux nous ont déposés à Magdebourg, après trois jours de promenade à travers bien des pays ; on avait sans doute à cœur de nous montrer un peu partout.

Ils n'ont pourtant pas à s'enorgueillir d'une pareille capture, car leurs armes sont loin d'y avoir contribué : la ruse, la trahison, la perfidie, voilà leurs fusils perfectionnés.

Dans le train qui nous avait amenés à Magdebourg, se trouvaient sept généraux et un très grand nombre d'officiers supérieurs ; cette fournée d'épaulettes, grosses et petites, a été amenée à la « Commandatur », entre une haie de soldats, et là on nous a lu une formule qui consistait à jurer sur l'honneur et à signer : *De ne nuire en quoi que ce soit à la Prusse, ni en paroles, ni en actions et à ne pas chercher à s'évader*, moyennant quoi nous étions libres d'habiter telle ville d'Allemagne que nous demanderions.

On a commencé par présenter le papier qui contenait la formule en question aux généraux, qui ont signé, puis aux officiers supérieurs qui en ont fait autant, et ainsi de suite par rang de grade.

Lorsque mon tour de signer est arrivé, je ne me sentais pas disposé à mettre mon nom au bas d'une formule conçue dans des termes semblables, et comme mon colonel, qui avait déjà signé, me disait qu'il ne comprenait pas mon hésitation, je lui répondis tout simplement : « Ce n'est pas une raison, parce que vous venez de signer, pour que j'en fasse autant. »

« La France se lève, lui ai-je dit ; les journaux belges, que des mains mystérieuses ont jetés dans notre wagon à la frontière, nous l'ont appris ; nous avons donc été indignement trompés ! Pourquoi signer une formule pareille dans un tel moment ? »

« La paix va être faite dans quelques jours », m'a-t-il répondu.

On allait me séparer de mes camarades....., j'ai fait comme eux, et j'ai signé le dernier sur sept cents officiers environ.

J'ai demandé Altona comme résidence.

12 DÉCEMBRE

Mes impressions en Allemagne, pendant la première période de ma captivité, sont loin d'être écrites au jour le jour, tant ma prostration était complète par suite des mauvaises nouvelles qui arrivaient de France.

Je me décide aujourd'hui à donner un libre cours à mes idées si longtemps contenues.

Depuis quelques jours, je suis agacé, je ne peux pas rester en place.

D'où vient donc cette surexcitation nerveuse ?

C'est la France qui la cause !

C'est ma Patrie qui me fait réfléchir ; c'est l'anxiété

dans laquelle je vis sur son avenir, qui me transporte et m'enlève le sommeil.

Les journaux belges nous donnent des nouvelles du théâtre de la guerre.

Vaste théâtre ! plein d'agonies que nous ne pouvons ni consoler, ni secourir.

Quel supplice que le nôtre !

Au moment de cette lutte suprême qui doit décider de l'existence de son pays, sentir son impuissance à seconder ses efforts, frémir à la moindre nouvelle que les crieurs publics annoncent à tous les instants de la journée, c'est bien là le pire de tous les martyres !

Les cris de joie qui accueillent, en Allemagne, les nouvelles de France annonçant les succès des armées prussiennes, retentissent douloureusement dans nos cœurs ; c'est autant de coups de poignard que nous recevons !

Ces drapeaux, dont ils sont si prodigues, sont pour nous autant de cris de détresse que nous envoie la mère-patrie.

J'ai lu ce soir, la mort dans l'âme, une circulaire du délégué des Affaires étrangères à Tours faisant connaître à l'Europe le genre de guerre barbare que la Prusse fait à la France ; il m'a semblé entendre le lointain appel de ma Patrie agonisante, dénonçant à tous les peuples civilisés les actes de sauvagerie dont elle était victime.

Si Dieu est juste, il faut une punition à de pareilles barbaries ; il faut aussi l'abaissement de cet orgueil que rien ne semble pouvoir arrêter.

Que ce Prussien, si orgueilleux de ses victoires qu'il n'a jamais remportées que grâce au nombre ou à la trahison, prenne garde à un revers !

Qui pourrait dire que les sublimes efforts de la France demeureront sans succès ?

Qui oserait affirmer la continuation de la fortune pour des armes qui souillent leurs drapeaux par la violence et l'incendie ?

J'espère en des jours meilleurs et peut-être sont-ils proches !

Oui, j'espère, parce que je vois en ce moment une grande puissance debout et frémissante pour secouer le joug de l'étranger.

Patriotisme ! si tu n'es pas un vain mot, tu dois enfanter des prodiges.

Bien-aimée République, ceux qui connaissent mes sentiments, savent combien tu es chère à mon cœur.

Lorsque j'ai vu ma Patrie envahie, nos armées régulières détruites, j'ai pensé que rien n'était perdu encore, puisqu'il nous restait ton appui.

Serais-tu arrivée trop tard pour combattre ?

. . . .
. . . .

Une douleur bien vive vient me poursuivre, jusque dans mon exil, et je ne suis pas le seul à la ressentir.

Les suppositions les plus éhontées, les bruits les plus absurdes, viennent nous trouver jusqu'ici ; on ne respecte rien, puisque l'on va jusqu'à prétendre qu'une restauration Napoléonienne est possible à l'aide de l'armée prisonnière en Allemagne.

Il faut que ceux qui ont osé nous prêter un pareil rôle, soient bien mal renseignés sur les sentiments qui nous animent.

C'est assez d'une honte, il n'en faut pas deux !

Notre indignation est égale à notre mépris, et les protestations des officiers prisonniers partent de toutes les villes de l'Allemagne. C'est avec un bien grand plaisir que j'ai inscrit mon nom sur l'une d'elles, aujourd'hui même.

Il faudrait pousser la folie jusqu'au délire pour prêter la main à toute tentative, qui aurait pour résultat d'entraver le grand élan patriotique.

Le sang le plus pur coule à longs flots pour la défense de la France et nous viendrions, nous, paralyser de tels efforts ?

Non, je le jure sur ce que j'ai de plus sacré au monde, sur la tête des deux vieillards qui doivent pleurer mon absence en ce moment, jamais mon sabre ne sortira du fourreau pour prêter la main à une aussi noire infàmie.

Je flétris à l'avance la conduite de ceux qui oseraient rêver une pareille monstruosité, et si j'en connaissais un seul parmi ceux qui m'entourent, à quelque grade qu'il appartînt, je lui dirais dans un suprême cri d'indignation :

« Tu n'es pas français ! »

21 DÉCEMBRE

J'ai vu aujourd'hui, sur une feuille illustrée, les membres du Gouvernement de la Défense nationale ; j'avoue que parmi toutes les figures qui m'ont le plus frappé, celle de Gambetta est en première ligne.

Les traits de cet homme, dont je ne connaissais encore que les actes, m'étaient complètement inconnus ; je n'ai pas été surpris en les voyant.

Le citoyen qui, dans un moment aussi critique, dirige d'une manière si énergique les destinées de son pays, devait avoir dans le regard ce calme et cette audace que je me plais à lui trouver.

Travaille avec ardeur, patriote intelligent, tu es le fils

de tes œuvres, la France, dans son agonie, compte sur toi.

Enfant de la démocratie, élève-toi à la hauteur de la cause que tu défends, elle est noble et sainte; c'est celle d'un peuple à moitié abattu qui se réveille à ta voix, fais en sorte que ce réveil soit terrible.

Oui, je dis comme toi, défense à outrance, et je le dis malgré l'infâme capitulation à laquelle j'ai eu le malheur de participer.

N'oubliez pas, généreux défenseurs qui prenez les armes à cette heure suprême, que la capitulation de Metz est une infâmie que l'histoire flétrira avec juste raison.

Pénétrez-vous bien de cette idée que vous avez un rôle des plus beaux à remplir, *celui de libérateurs !*

22 DÉCEMBRE

Tous les officiers prisonniers à Altona et à Hambourg ont été réunis aujourd'hui dans cette dernière ville; nous étions excessivement nombreux.

Un général prussien nous a avertis de la part de son gouvernement que, pour un officier qui s'évaderait, on tirerait au sort dix noms et les dix officiers désignés seraient dirigés sur une forteresse de l'État.

Pourquoi donc nous rendre à ce point solidaires les uns des autres ?

Depuis quand, les actes ne sont-ils plus personnels ?

Cette mesure arbitraire ne nous laisse plus aucune sécurité, puisque, d'un moment à l'autre, nous pouvons être privés de la liberté relative dont nous jouissons.

Lorsqu'on ose mettre en pratique de pareils expédients, on est capable de tout; je m'attends donc à faire mon petit voyage en Silésie ou ailleurs ; ce qui me tranquillise, c'est que ce sera à leurs frais.

J'ai pourtant déjà assez froid à Altona, et mes oreilles, qui arrivent d'Algérie depuis peu de temps, ont de la peine à s'habituer aux 20 degrés au-dessous de zéro que nous avons aujourd'hui.

On nous a parlé de forteresses d'État prêtes à nous recevoir par dizaines ; j'imagine que c'est du côté des frontières russes qu'ils ont l'intention de nous envoyer.

3 JANVIER 1871

L'année maudite de 1870 est terminée depuis 3 jours !

Il est d'habitude de formuler des vœux pour l'année nouvelle ; les miens sont pour le relèvement de la France !

J'aime mes parents plus que moi-même, mais je sens en ce moment, sur cette terre d'exil où je me trouve, que j'ai dans mon cœur un amour plus fort que celui-là, *l'amour de la Patrie !*

Pardonnez-moi, mes bons parents, ne soyez pas jaloux de cette préférence que j'accorde à mon pays.

Vous connaissez de longue date la force des sentiments qui m'attachent à vous, et vous savez que tous les sacrifices me seraient faciles pour vous les prouver, mais permettez à votre fils captif de faire passer la France avant tout !

8 JANVIER

Je suis en proie à une agitation extraordinaire.

La parole que j'ai donnée en arrivant en Allemagne de ne pas chercher à m'évader, imitant en cela le triste exemple que nous ont donné les généraux et les officiers supérieurs, me tourmente et m'obsède jour et nuit depuis que j'ai acquis la certitude que les dernières affirmations de Bazaine n'étaient qu'un tissu de mensonges pour nous amener à la reddition.

Cette parole, je l'ai sur le cœur ; elle me pèse, elle me brûle comme un fer rouge.

Je ne me sens pas la force de rester plus longtemps en proie à un pareil remords.

Pour en finir, je me décide à écrire au général prussien qui commande la ville d'Altona et voici la copie de la lettre que je lui adresse :

« Monsieur le Général,

« A mon arrivée en Allemagne, j'ai donné ma parole « d'honneur de ne pas chercher à m'évader, parce qu'on « nous avait fait entrevoir que la guerre allait cesser ; « on nous avait menti !

« La liberté dont je jouis me pèse trop pour que je « puisse la supporter plus longtemps.

« Pendant que mon pays consacre tous ses efforts « pour secouer le joug de l'étranger, pendant qu'il « verse le plus pur de son sang pour la défense de ses « foyers, je trouve que ma liberté est trop grande et « que mon inaction est beaucoup plus grande encore.

« Je ne veux donc plus de cette liberté que je vous « dois et que je ne veux plus vous devoir à aucun prix.

« Je vous prie donc de me considérer comme dégagé « de ma parole, et je me tiens complètement à votre « disposition en attendant vos ordres.

« Agréez, Monsieur le Général, l'expression de mes « sentiments patriotiques.

« F. BERGASSE,

. « *Sous-lieutenant au 3° régiment de lanciers, prisonnier* « *de guerre à Altona, Kœnigstrasse, n° 145.* »

La confection de cette lettre m'a détendu les nerfs ;

je la remettrai demain au général, n'ignorant pas quelles en seront les conséquences ; on me mettra en prison de suite et on me dirigera ensuite sur une forte-resse quelconque.

Je suis décidé à tout affronter pour délivrer mon cœur du poids qui l'oppresse ; la prison la plus dure, le cachot le plus obscur, conviennent mieux à un prison-nier que les douceurs de la liberté !

La parole que j'avais donnée était sacrée pour moi, et à aucun prix, je n'aurais voulu en abuser pour cher-cher à m'évader.

Je sais bien qu'il y en a qui l'ont fait, mais non-seule-ment je les désapprouve, je dirai même que leur con-duite est coupable à tous les points de vue.

Lorsqu'un officier français donne sa parole, qu'on ne vienne pas me parler de patriotisme pour masquer un manquement à l'honneur ; il n'avait qu'à ne pas la donner, il devenait libre de s'évader, s'il le pouvait ; mais une fois donnée, l'officier doit la tenir : c'est là qu'est la vraie dignité de l'épaulette, c'est là aussi qu'est le vrai patriotisme.

Avant d'écrire au général, j'ai mûrement pesé toutes les considérations que l'on peut mettre en avant pour cacher le côté délicat de cette question, ma conscience m'a répondu que c'était une action déloyale ; j'ai écouté cette voix intérieure et j'aime mieux me faire enfermer, car je redeviens libre !

Ma situation va être bien différente maintenant que je suis dégagé de ma parole ; je peux chercher à m'éva-der tant qu'il me plaira, à mes risques et périls bien entendu, mais sans forfaire à l'honneur.

Il est évident, qu'on va prendre, vis-à-vis de moi, toutes les mesures de précaution possibles et imagina-bles pour empêcher mon évasion ; ils feront bien, ils

seront même dans leur droit, parce que je n'hésiterai
pas à saisir la première occasion favorable.

J'en ai le droit, mais je pense qu'ils m'en ôteront les
moyens et que les quatre murs d'une prison vont être
désormais mon partage.

C'est égal, je poursuivrai jusqu'au bout, la tâche que
je m'impose, et je ne pense pas faiblir un seul instant.

Si jamais, un moment de défaillance venait à s'empa-
rer de moi, n'aurai-je pas le souvenir de mon pays ?

N'aurai-je pas toujours devant mes yeux la lutte
gigantesque qu'il soutient sans murmurer ?

Oui, je saurai toujours retremper mon âme à de
pareilles idées, et si le corps souffre, cette âme le soutiendra.

9 JANVIER

ONZE HEURES DU SOIR

J'ai passé la nuit dernière dans une agitation impossible à décrire, le cauchemar me poursuivait sans cesse.

J'ai fait remettre ma lettre au général, aujourd'hui à
quatre heures, et je ne pensais pas coucher ce soir dans
mon lit de la rue Kœnigstrasse ; il a sans doute jugé à
propos de me laisser tranquille jusqu'à demain ; il peut
être bien certain que je n'abuserai pas de la latitude
qu'il me donne, avant qu'il ait pris les mesures de
rigueur que ma déclaration le met dans la nécessité
d'employer.

J'ai reçu aujourd'hui, d'excellentes nouvelles de mes
parents qui m'ont mis au courant de la situation de mes
trois frères, officiers dans différents corps d'armée.

Pauvres frères, si vous saviez combien de larmes je
verse en me voyant séparé de vous dans cette lutte

gigantesque de deux peuples ; elles coulent en ce moment avec une abondance qui me soulage.

Soyez plus heureux que moi, et que Dieu vous épargne la honte que je dévore tous les jours en silence !

Ah ! traître Bazaine, je crois que si je te tenais entre mes mains, tu n'en sortirais qu'étranglé !

Courage, mes frères, mes vœux les plus ardents vous accompagnent ; comblez, par l'abnégation de votre vie, par votre dévouement à la Patrie, le vide de mon absence.

Vengez ces pleurs que je répands, vengez surtout la France, et contribuez par vos efforts, non-seulement à secouer le joug de l'Étranger, mais encore à venir porter au cœur de l'Allemagne le fer et le feu.

Il est très tard, je me décide à prendre du repos, puisque le général me le permet.

10 JANVIER

PREMIER JOUR DE VÉRITABLE CAPTIVITÉ

Je viens d'entendre verrouiller la porte de ma prison et je vois la sentinelle prussienne qui se promène magistralement devant ma fenêtre, protégée par d'épais barreaux de fer.

Mon projet a donc reçu une réalisation complète et je suis flatté de l'honneur que l'on me fait ; je n'avais encore jamais eu de factionnaire à ma disposition.

Tout s'est d'ailleurs passé comme je l'avais prévu.

Un officier prussien est venu me prendre ce matin dans mon logement de la rue Kœnigstrasse ; il m'a prié de le suivre, par ordre du général, ce que je me suis empressé de faire.

Quatre hommes armés jusqu'au dents étaient en faction devant la porte.

Peste, quel déploiement de forces !

J'ai été conduit à la prison militaire d'Altona où je vais avoir de nombreux loisirs ; on m'a prévenu que je ne devais communiquer avec personne, pas même avec mon fidèle ordonnance, qui est venu m'accompagner pour porter mes effets et qui pleurait à chaudes larmes, à la seule pensée qu'il ne pourrait plus me voir ; ce brave garçon m'a vivement ému et je l'ai embrassé avec effusion avant de me séparer de lui.

Il est alsacien et parle très bien l'allemand ; il est habillé en bourgeois et travaille déjà depuis un mois, de son métier de tailleur de pierre, à Hambourg, où l'on construit une immense cathédrale ; il gagne de très fortes journées et se tirera d'affaires fort bien jusqu'à la paix ; il est probable qu'il sera beaucoup mieux que moi . . . .

Il vient de s'opérer dans tout mon être, une révolution qui est toute à mon avantage.

Malgré le lieu étroit où je me trouve enfermé, je sens que je respire plus librement ; mes poumons se dilatent et il me semble que je viens d'entrer dans une vie nouvelle.

Ce qui me soutient et me soutiendra toujours, je l'espère, c'est l'espoir, qui est entré dans mon âme, de voir la France reprendre le dessus.

Qui peut savoir ce qui va se passer dans quelques jours, si tout mon pays a pris les armes !

DEUX HEURES APRÈS MIDI

J'étais en train de dessiner le profil de la sentinelle qui se promène devant ma fenêtre, lorsque ma porte s'est ouverte et a donné passage au général d'Altona.

Il a tenu à me faire visite lui-même, pour me louer de la décision que j'avais prise et m'a dit que ma conduite était très noble et très digne ; il a ajouté qu'il comprenait parfaitement la délicatesse des sentiments qui avaient dicté ma résolution et qu'il ne pouvait que m'en féliciter.

Il était devant moi, chapeau bas et visiblement ému ; il m'a tendu la main !.............. J'ai hésité quelques secondes, mais voyant combien mon hésitation l'affectait, je lui ai tendu la mienne.

Je suis convaincu que c'est celle d'un honnête homme, d'un loyal soldat, et il serait à désirer que tous les généraux prussiens fussent faits à son image. Il paraît être en disgrâce auprès du Gouvernement, comme appartenant à quelque province récemment annexée, telle que le Hanôvre ou le Schlessvig.

Avant de me quitter, il m'a dit qu'il avait soumis mon cas à Berlin et que probablement, je serais dirigé sur quelque forteresse du Nord de l'Allemagne.

J'irai donc tâter de la Silésie sans doute, cela me permettra de voir ce pays dans toute sa beauté, pendant la saison d'hiver, qui bat son plein en ce moment.

Depuis mon retour d'Afrique, je n'avais pas encore réussi à m'habituer au climat de l'Est de la France, où je me trouvais en garnison avant la déclaration de guerre ; il faudra bien le faire cette fois, et avec bon nombre de degrés en plus à la clef.

SIX HEURES ET DEMIE

Il faisait nuit et on me laissait sans lumière, ce qui ne me convenait pas beaucoup ; aussi, ai-je fait un carillon d'enfer à la porte de ma prison, jusqu'à ce que j'aie obtenu, (en payant bien entendu) qu'on m'apportât des chandelles de suif.

Elles sentent affreusement mauvais, mais enfin je ne

suis pas dans l'obscurité ; une lumière vaut presque autant qu'un compagnon.

Voilà donc ma première journée de captivité sérieuse !

Que faire pour passer ma soirée, si ce n'est de suivre avec ma plume les réflexions de mon cerveau !

Malgré moi, c'est toujours à ce maudit Bazaine que je pense.

Ah ! si nous avions eu à notre tête un autre chef que celui-là, un Hoche, un Kléber ou un Marceau, je ne serais pas enfermé ici à l'heure présente ; combien notre sort à tous serait différent.

Forts comme nous l'étions, nous pouvions écraser l'armée qui nous entourait et aller renforcer les nouveaux défenseurs qui se levaient en masse.

Il est certain qu'à l'heure qu'il est, Paris n'aurait plus devant ses murs une armée assiégeante et les rôles seraient bien changés...........................

Nous sommes, dit-on, plus de 12.000 officiers prisonniers en Allemagne ; la seule capitulation de Metz a fourni près de cent généraux !

Jamais, depuis que le monde existe, on n'avait vu rien de pareil.

Pour donner un exemple aussi inique, il a fallu rencontrer l'ineptie la plus grande au début de la guerre et la trahison la plus infâme pour la compléter.

Pauvre armée régulière !

Qu'es-tu devenue?

Rien, plus rien que des ruines éparses à travers l'Allemagne !

Malgré cela, la France existe encore et plus que jamais peut-être.

Que d'efforts surhumains on a dû faire là-bas !

Quelle activité on a dû déployer pour arrêter dans sa marche un ennemi victorieux !

Glorieux efforts, vous servirez à faire connaître aux générations futures que la force d'un pays ne réside pas exclusivement dans ses armées régulières (telles qu'elles étaient constituées du moins) lorsqu'on a à lutter contre une nation tout entière, armée jusqu'aux dents.

Les armées permanentes détruites, vous restiez encore, jeunes et vieux Français, qui avez pris en main d'une manière si énergique la défense de la Patrie.

Ne craignez pas d'aborder vos adversaires avec confiance, *ils ne vous valent pas, ils ne vous vaudront jamais !*

L'idée qui vous fait prendre un fusil est sainte entre toutes, ce n'est pas celle qui anime les hordes barbares contre lesquelles vous avez à lutter.

Je sais bien que vos victimes doivent être nombreuses tous les jours, mais chacun de vous en tombant doit faire surgir de cette terre arrosée de son sang des milliers d'autres défenseurs.

Feu sacré, qui anime mon pays, conduis mes frères à la victoire, et fais en sorte que le trépas de tant de cœurs généreux, délivre la France de l'Étranger.

11 JANVIER

ONZE HEURES DU MATIN

J'ai passé ma première nuit sous les verrous et malgré le peu de confort qui a été mis à ma disposition, je n'ai pas trop mal dormi ; j'avais le cœur tranquille.

On ne m'avait pourtant donné qu'une seule couverture malgré le grand froid et on a semblé ignorer que nous étions en janvier ; quant aux draps de lit, ils ont brillé par leur absence.

Je viens d'avoir la visite d'un de mes camarades du

régiment, le brave Fougère, qui a eu toutes les peines du monde à obtenir l'autorisation de venir me serrer la main.

Je le remercie de très grand cœur et j'apprécie d'autant plus le prix de sa démarche, que c'est dans des moments semblables qu'on a besoin de presser la main d'un ami ; lorsque je ne serai plus à Altona, je n'aurai pas de pareilles douceurs.........................

....

Je vais reprendre mon carnet, pour me distraire, et terminer le portrait de ma sentinelle ; ce n'est plus la même, il est vrai ; la tête d'hier était barbue, tandis que celle d'aujourd'hui ne l'est pas du tout ; cela n'y fait rien, car à la barbe près, toutes ces têtes de mangeurs de choucroûte se ressemblent.

Ces sentinelles m'ont l'air de marronner du surcroît de faction que je leur donne par ce temps froid, elles ont toutes la figure extraordinairement revêche sous leur ignoble casque à pointe ; je m'en soucie fort peu et suis plutôt disposé à m'en réjouir.

SEPT HEURES DU SOIR

Je viens de passer deux heures avec le sous-officier prussien préposé à ma surveillance ; je m'aperçois qu'avec de l'argent, on peut tout obtenir de ces gens-là, gradés ou non.

Il m'a fait apporter du café et de la bière et nous avons vidé le tout ensemble, car pour boire moi-même, j'étais obligé de faire boire cet animal-là.

J'ai parlé allemand tant bien que mal avec lui, mettant à profit le peu que j'avais appris de cette langue, lorsque je me préparais pour Saint-Cyr ; je dirai même, à ce propos, qu'on n'exige pas assez en France la connaissance des langues vivantes.

J'en ai su pourtant assez pour donner à comprendre à ce sous-officier que la guerre était loin d'être finie, qu'ils ne prendraient jamais Paris, qu'on parviendrait non-seulement à les chasser de France, mais encore à porter la guerre en Allemagne.

Ce langage lui faisait faire la grimace et je m'en amusais beaucoup; il vociférait sur un diapason assourdissant, qu'il n'y en avait pas pour longtemps et comme preuve à l'appui, il frappait de ses deux points sur la table de façon à tout casser.

Il n'y en a pas pour longtemps !

Je l'espère bien, en effet, pourvu que cela tourne à notre avantage, et, quoique enfermé, je désire même l'être un peu plus de temps, si nos armes doivent devenir victorieuses.

Que peuvent me faire quelques jours de prison de plus, si le salut de la France est au bout ?

Je ne compte pas avec la durée de ma captivité, mais je suis d'un œil attentif et anxieux les efforts de mon pays.

Ma liberté, au détriment d'une paix honteuse ?

Non, jamais !

Avec ma liberté, je veux celle de mon pays; c'est cet espoir qui me fait vivre et me donne des forces.

Sans lui, je serais triste et abattu, le découragement s'emparerait de moi et je verrais d'un œil indifférent la mort mettre un terme à ma souffrance morale.

Laissons de côté pour un moment, ces tristes perspectives, car il n'en est pas ainsi, puisque la France veut combattre; peut-être dans quelques jours aura-t-elle repris le dessus.

Si on venait me rendre à la liberté !

Oh ! ma France chérie, ce n'est que lorsqu'on est

éloigné de toi, que l'on sent combien tu fais battre les
cœurs !

Tes enfants ne savent vraiment te chérir que dans
leur exil, et c'est de là que partent leurs vœux les plus
sincères pour ta conservation, lorsqu'ils sont dans
l'impuissance de combattre pour ton salut.

Rien ne peut les détourner de ton souvenir et pour
mon propre compte, c'est au chant sacré de la *Marseillaise*, que j'entonne dans ma prison, que je sens
mon âme se retremper en me rappelant ce dont tu es
capable !

12 JANVIER

MIDI

J'ai passé une fort mauvaise nuit, je me sentais très
agité et ne pouvais me livrer au sommeil ; il était bien
trois heures du matin, que je n'avais pas encore fermé
les yeux pour de bon.

Les idées les plus bizarres m'assiégeaient en foule, et
je serais bien en peine de les reproduire toutes; mais
ce que je peux affirmer, c'est que la plus persistante de
toutes avait trait à mon évasion.

Tout éveillé que j'étais, je rêvais que je cherchais à
gagner la frontière et les obstacles s'amoncelaient sur
ma route, les uns après les autres ; il m'a semblé
entrevoir une fois que, dans la forteresse où on va me
conduire, ma prison donnait sur l'eau et qu'une barque
arrivait dans la nuit pour me faire évader.

C'était le dévouement d'une femme qui m'arrachait à
ma captivité !

Toujours la femme !

Ces âmes sensibles sont capables de tant de dévouement, que c'est toujours vers elles que notre esprit s'envole.

D'où pourrait donc venir ce cœur si dévoué?

C'était un rêve, hélas!...........................

....

Je viens de recevoir la seconde visite de mon ami Fougère; on lui a permis de passer une demi-heure avec moi.

J'en ai profité pour lui demander des nouvelles de la lutte, car il n'y a que cela qui m'intéresse.

Ce qu'il m'a raconté, a été loin de me rassurer; Chanzy et Bourbaky auraient été repoussés, au dire des Prussiens.

J'aime à croire qu'il n'en est rien, car ils ne se font aucun scrupule d'afficher un tissu de mensonges pour relever le moral de la population.

Il m'a dit également que la division régnait entre Trochu et Ducrot; ce dernier voudrait sortir de Paris, tandis que Trochu veut que la province arrive à son secours.

Il peut y avoir du bon dans l'opinion de chacun de ces deux généraux, mais je serais plutôt pour la sortie.

On sait, par l'expérience néfaste de Metz, ce qui arrive lorsqu'une forte armée s'enferme dans les murs d'une ville; elle contribue simplement à affamer les habitants.

On pourrait bien, il me semble, laisser la défense de Paris à sa garde nationale si vaillante, si nombreuse et si bien exercée en même temps; le reste, formerait une armée de plus de 200,000 hommes qui, en sortant, pourrait donner la main soit à l'armée du Nord, soit à l'armée de la Loire.

Les troupes nombreuses qui se trouvent dans Paris

deviennent complètement inutiles et cette raison me fait pencher en faveur de Ducrot.

L'action doit être plus que jamais à l'ordre du jour et si Trochu montre de la tiédeur dans ses opérations, je suis convaincu que l'énergie des habitants de la capitale saura en faire justice assez à temps.

Qu'il n'y ait pas à Paris, un nouveau Bazaine !

Le salut de la France est au bout de son énergie, il faut que les tièdes s'effacent.

Si Trochu est de ces derniers, qu'il cède la place à de plus résolus que lui.

Je sais bien que le poste est périlleux et difficile, mais ce serait douter de mon pays, si la situation désespérée dans laquelle il se trouve ne faisait pas surgir les grandes résolutions avec de grands caractères pour les entreprendre.

Pendant que je me livrais à ces réflexions, un officier prussien entre dans ma prison pour me prévenir que je partirais demain matin à six heures.

Je lui ai demandé naturellement où j'allais ; il m'a répondu qu'il n'en savait rien, mais que j'en avais pour trois jours de chemin de fer.

Diable, on m'envoie donc bien loin !

Il m'a prié de lui remettre l'argent que je possédais et, après m'être exécuté, il m'a remis trois *thalers* pour subvenir à mes besoins pendant la route.

En voilà des précautions !

Ont-ils peur que je perde mon argent en route?

Je ne saurais croire à tant de gentillesse de leur part, ce n'est donc pas le mobile qui les fait agir ainsi ; ils ont plutôt peur que je ne profite de mon argent pour soudoyer les hommes chargés de me conduire à destination.

Eh bien, je m'attendais à ce qui m'est arrivé, et vous

ne m'avez pas pris au dépourvu, parce que je vous sais capables de tout.

Après avoir écrit ma lettre au général pour me faire enfermer, j'avais fait deux parts des 600 francs que je possédais ; j'en avais mis 300 dans une ceinture de cuir que je porte sur la peau, autour du corps, et les autres 300 dans mon porte-monnaie.

Je livrai donc tout l'argent que contenait ce dernier et comme, après m'avoir donné les trois fameux *thalers*, il s'en allait sans autre forme de procès, je lui ai fait observer d'avoir à compter, devant moi, l'argent dont on me privait si brutalement et de m'en faire un reçu ; il m'a répondu que c'était inutile, mais dès que j'ai eu fait mine de lui barrer la porte pour sortir, il s'est exécuté d'assez bonne grâce, d'ailleurs, et en me remettant le reçu il a bien voulu me dire d'un ton à moitié railleur, que cet argent me serait rendu en arrivant à destination.

Parbleu, lui ai-je répondu à mon tour, sur un ton méprisant, il ne manquerait plus qu'on ne me rendît pas ce qui m'appartient ; je trouve déjà assez bizarre, pour ne pas dire plus, qu'on m'en dépouille dans un moment où je pourrais en avoir besoin, puisque vous venez de me dire vous-même, que mon voyage durerait trois jours : ce n'est pas en France, Monsieur, qu'on traiterait de la sorte un officier !

Il était tout penaud et je jouissais de son embarras.

Ce qui m'a le plus affecté, c'est qu'il m'a donné l'ordre de voyager en militaire et d'abandonner les effets bourgeois dont j'étais vêtu ; je les avais achetés en arrivant en captivité, pour ne pas être le point de mire de la population et, aussi, pour avoir plus chaud.

Mes effets militaires ne valent plus rien, ayant perdu nos bagages de rechange au delà de Sarreguemines, dès le début de la guerre ; mon rôle d'officier de partisans, sous Metz, les a usés jusqu'à la corde, ils ne peuvent pas me préserver du froid et les pans de ma tunique présentent encore les traces de deux balles qui les ont traversés dans la charge de mon régiment à Gravelotte.

Pourquoi ne me permet-on pas d'emporter, avec moi, des effets qui sont ma propriété ?

Trois journées de chemin de fer !

Mais où donc veulent-ils m'envoyer ?

Ce n'est pas en Sibérie, puisqu'elle ne leur appartient pas, mais ce sera sans doute dans le fond de la Silésie, c'est-à-dire dans ce qu'ils ont de plus froid et de plus reculé.

Qu'ils fassent de moi ce qu'ils voudront, je leur jette mon défi à la face.

TROIS HEURES DU SOIR

Je viens de prendre mon dernier repas à Altona.

Il neige très fort à l'extérieur, c'est une preuve évidente que nous ne sommes pas en pleine saison d'été, bien au contraire.

Je m'étais acclimaté autrefois à la chaleur d'Afrique ; il faudra m'habituer maintenant à supporter un froid rigoureux ; de cette façon, je pourrai voyager, à l'avenir, sous toutes les latitudes.

Mon ordonnance vient de m'apporter mon sabre que j'avais oublié dans mon logement, car un article de la capitulation de Metz, permettait aux officiers de garder leurs armes, sauf les armes à feu ; la vue de cette arme m'a fait plaisir et m'a rappelé soudain, certains épisodes de mon rôle de chef de partisans aux avant-postes : Te rappelles-tu, ai-je dit à mon ordonnance, lorsque je partais, à deux heures du matin, à la tête de quelques-uns de mes hommes, marchant à quatre pattes dans un fossé boueux, cette lame de sabre entre les dents, sans fourreau? Il fallait ramper ainsi jusqu'à la première sentinelle prussienne et la tuer à l'arme blanche, sans bruit, pour pouvoir en faire autant de celles d'à coté.

Ah ! les beaux moments que ceux-là !

Je n'ai plus le droit d'en parler.

CINQ HEURES ET DEMIE DU SOIR

Avant d'enfermer ce cahier auquel je confie mes impressions, je tiens à annoter la visite que je viens de recevoir du capitaine Chelin et de mon ami Fougère; ils sont venus tous deux me serrer la main et m'embrasser avant mon départ; ce témoignage d'amitié, que je n'oublierai jamais, m'a serré le cœur, au moment de la séparation ; quand donc les reverrai-je ?

Je me suis fait enfermer de bonne volonté, pour donner satisfaction à mes susceptibilités de patriote; la liberté dont je jouissais me déplaisait pour les motifs que j'ai déjà donnés, et je préfère la captivité vraie, pour si dure quelle soit, à cette liberté qui m'énervait......

....

Il faut que je me lève demain matin à cinq heures pour être prêt à l'heure dite ; je ne veux pas faire attendre ces Messieurs une seconde, si cela est possible.

13 JANVIER

Le major de place est venu me prendre à six heures précises, comme c'était convenu et cette exactitude n'est pas pour me déplaire.

A ma sortie dans la cour de la prison, j'ai aperçu trois soldats prussiens commandés par un sous-officier.

L'officier a fait charger les armes devant moi et comme il avait l'air de me regarder pour voir l'impression que j'éprouvais, je lui ai dit que j'avais parfaitement compris ce que cela signifiait, et je me suis mis à lui rire au nez de bon cœur.

Voilà donc mes compagnons de route ! je m'aperçois que je voyagerai en forte compagnie.

Diable ! ils ont choisi trois colosses, j'allais dire trois molosses, pour me surveiller ; je les en remercie, ils me font beaucoup d'honneur.

Je me suis mis, à mon tour, à examiner ces gaillards-là, et ils ne m'ont pas paru faciles à apprivoiser ; deux se sont placés en avant de moi, deux derrière et ils m'ont emmené ainsi, à la gare du chemin de fer ; les bons bourgeois qui nous voyaient passer me dévisageaient comme un loup blanc, et je devais paraître un bien grand criminel.

Le sifflet de la locomotive a donné le signal du départ à sept heures moins un quart.

J'ai jeté un regard d'adieu et peut-être même de regret, je n'ose pas dire le contraire, sur cette ville d'Altona où j'avais été si libre ; c'est si bon, la liberté !

A midi et demi, le train s'est arrêté environ trois quarts d'heure et j'en ai profité pour prendre un bon repas.

Je me suis fait conduire au meilleur buffet de la gare où j'ai fort bien déjeûné, malgré la présence de mes trois clarinettes et du sous-officier ; il est évident que je ne leur ai rien offert, ce sera leur affaire de manger quand ils voudront.

Quant à moi, j'avais besoin de me refaire l'estomac, et j'ai demandé une bouteille de Bordeaux, la bière en mangeant ne me convenant pas du tout.

En dévorant mon beefteack et buvant mon Bordeaux à petites gorgées, car il était très bon, je me disais que les trois *thalers* que l'officier m'avait laissés dans mon

porte-monnaie ne suffiraient pas sans doute pour payer
la note du déjeûner, à cause du Bordeaux qui se vend
très cher à l'étranger.

Comment faire ?

J'avais mon or dans une ceinture autour des reins,
je ne pouvais pas aller y prendre un louis, après m'être
déboutonné devant tout le monde ; je dis donc à mon
sous-officier, que j'avais un certain besoin à accomplir.

Il comprit et se hâta de me conduire, toujours avec
ses trois hommes, au lieu convenu.

Quel luxe de factionnaires j'avais à ma porte !

J'ai bien ri pendant quelques minutes dans mon petit
cabinet, mais en attendant, j'ai profité de l'occasion
pour rentrer au buffet avec un beau louis d'or dans ma
poche et bien m'en a pris, car le déjeûner m'est revenu
à 15 francs ; mes fameux 3 thalers n'auraient pas suffi.

C'est un peu cher, je l'avoue, mais c'est égal, j'étais
content, car j'avais bien déjeuné et avec du vin français
encore.

L'officier qui m'a accompagné ce matin à la gare
d'Altona, m'a appris que j'étais dirigé sur la forteresse
de Boyen, près des frontières russes ; il n'y fera pas
chaud probablement.

Je trouve d'ailleurs que la température devient de
plus en plus froide à mesure que nous avançons ; la
campagne est couverte de neige et les carreaux de vitre
du wagon de 4e classe où je me trouve, en compagnie
des fusils à aiguille, sont tellement gelés, qu'il est
impossible de voir distinctement au travers.

C'est fort désagréable pour moi qui voyage en touriste
avec bonne escorte et surtout aux frais de l'État.

J'allais oublier un des épisodes les plus importants
de la matinée, et ce serait grand dommage, car je tiens
à le raconter pour montrer de quelle façon on avait

envie de me faire passer mes trois journées en chemin
de fer ; voici le fait dans toute sa brutalité :

En entrant dans ce compartiment réservé aux prisonniers, je m'étais empressé de prendre un coin ; le
plus grand et le plus gros des trois soldats qui m'escor-
taient, s'est empressé de prendre le coin en face de moi
et aussitôt qu'il a été assis, il s'est mis à me serrer mes
genoux contre les deux siens, ayant l'air de me dire :
« *Tu ne m'échapperas pas !* »

Aussitôt que j'ai eu ressenti son contact, je lui ai
envoyé un grand coup de pied sur un tibia qui lui a fait
pousser un cri rauque, et comme, malgré cet avertissement, il renouvelait son étreinte avec plus de force
encore, je lui en ai envoyé un second sur l'autre jambe.

Nous étions trop près, heureusement pour moi, car
il m'aurait éventré d'un coup de baïonnette ; mais cette
baïonnette, qui était au bout de son fusil, dépassait ma
tête au moins de 0ᵐ60 centimètres et elle est allée
s'enfoncer dans la paroi contre laquelle j'étais adossé ;
le jeune sous-officier qui le commandait, Hanôvrien
d'origine, me paraissant très gentil, s'est précipité sur
lui et lui a donné l'ordre de rester tranquille.

Emmenez-moi où vous voudrez, prenez des canons
avec vous si vous trouvez que vos fusils ne suffisent
pas, mais laissez-moi la liberté de mes jambes dans un
wagon où j'ai déjà quatre hommes armés contre moi.

Subir un pareil contact pendant trois jours que doit
durer mon voyage !

Non, mille fois non, je ne suis pas d'un sang à le
supporter.

Ce qui a contribué à me dérider après cette scène et
qui a même fini par m'amuser, c'est la pantomime à
laquelle mon rhinocéros de vis-à-vis s'est livré pendant
l'espace de deux heures au moins ; il frottait avec sa

main un tibia, puis l'autre, et recommençait ainsi sans discontinuer, me lançant des regards féroces qui voulaient dire : « Si je te tenais dans un coin, tout seul ! »

Et moi qui avais l'air de lui répondre : « *Ah ! si je te tenais, moi aussi, face à face, seul à seul !* »

ONZE HEURES DU SOIR

Me voici arrivé à Stettin où je dois passer la nuit. Il paraît que malgré la forte garnison qu'on a attaché à mes trousses, il serait trop dangereux de me faire voyager la nuit.

Mes clarinettes à aiguille m'ont escorté jusqu'à la caserne qui se trouve fort éloignée de la gare.

Au moment où j'écris ces lignes, je suis dans une sorte de petite cellule, à côté du corps de garde.

Je me suis promené un instant dans mon petit logement pour faire circuler le sang, car je commençais à sentir un engourdissement complet dans mes jambes, par suite du froid que j'avais eu en route.

Le logement qu'on m'a donné ne me paraît guère convenable pour un officier ; j'ai beau être prisonnier, je n'en suis pas moins un officier français.

J'ai reçu la visite de l'adjudant de service, qui a une vraie tête de boule-dogue ; je lui ai demandé des nouvelles de France, et il s'est empressé de me dire que l'armée de Chanzy venait d'être détruite, laissant 10.000 prisonniers entre les mains des Prussiens.

Je le crois d'autant moins, qu'il a ajouté que l'intérieur de Paris était bombardé et que la capitale allait se rendre dans quelques jours.

Je vous demande un peu, si je peux croire au bombardement de l'intérieur de Paris, avec l'éloignement de nos forts avancés ?

Je lui ai donc répondu que c'était un tissu de mensonges, comme d'habitude.

Il fallait voir son affreuse grimace ; il m'a montré ses dents de boule-dogue et s'est retiré en ayant soin de verrouiller ma porte.

J'oubliais une grande mise en scène qui mérite à coup sûr d'être racontée.

Avant de quitter ma cellule, l'adjudant m'a dit : « *Je vais vous présenter vos sentinelles.* »

Présentez, présentez, lui ai-je répondu, je suis très sensible à l'honneur que vous me faites.

Il a ouvert la porte et trois hommes en grand équipage de guerre sont entrés ; il leur a dit quelques paroles que je n'ai pas pu comprendre et, lorsqu'ils ont eu bien pris mon signalement, ils ont fait demi-tour, comme par enchantement.

J'avoue, que s'ils avaient fait durer leur examen un peu plus longtemps, j'allais leur montrer une autre physionomie que celle du devant.

Ils peuvent bien se promener tant qu'ils voudront, de long en large, par le froid qu'il fait, ils ne trouveront pas l'occasion cette nuit de me loger une balle dans la tête ; je vais essayer de prendre un peu de repos sur mon lit de camp, où je ne vois ni paillasse, ni couverture.

C'est presque de la barbarie !

A demain !

14 JANVIER

J'ai eu bien froid cette nuit sur ce maudit lit de camp et j'ai été obligé de me lever trois fois pour battre la semelle contre les murs de ma cellule.

Cette manière de me traiter, commence à me faire réfléchir.

Qu'ont-ils donc à me reprocher?

J'ai agi avec la plus entière franchise, peut-être même l'ai-je poussée à l'excès, et il me semble, je le répète, qu'un officier prisonnier a droit à plus d'égards.

Est-ce parce que je suis en route ou que les ordres sont mal donnés, qu'ils ne peuvent pas m'offrir un réduit plus convenable?

Cela est possible et pourtant on a bientôt fait de trouver dans une caserne une paillasse, un matelas et une couverte; on ne me donne que des planches par le temps qu'il fait; ce n'est vraiment pas assez.........

....

En arrivant ce matin à la gare du chemin de fer, j'ai rencontré un convoi de prisonniers français; ils étaient une cinquantaine environ, pris du côté de Vendôme; je me suis empressé de causer avec eux.

Un sous-officier m'a appris que Manteuffel était cerné autour de Belfort; cette nouvelle m'a fait plaisir et a contrebalancé les confidences de l'adjudant prussien.

Ces pauvres malheureux me faisaient peine à voir et je me suis empressé de leur offrir une gourde de cognac, mise en réserve pour mon voyage; il n'y en a pas eu assez pour tous, malheureusement, j'aurais été pourtant si heureux de pouvoir les réchauffer tous, du premier jusqu'au dernier.

Au moment de monter en chemin de fer, un Monsieur, couvert d'un grand manteau fourré, m'a dit bonjour en excellent français; c'était un Polonais et on le voyait bien à sa figure qui respirait la franchise et l'intelligence.

Il est venu dans le wagon que j'occupais toujours

seul, avec mes clarinettes, et il a fallu pour cela qu'il ne fût pas le premier venu.

Nous avons causé ensemble de la France, pendant une heure qu'il a bien voulu passer avec moi et m'a offert un gros paquet de cigares que j'ai accepté avec empressement.

On doit vous diriger sans doute sur la haute Silésie, m'a-t-il dit, et là, votre évasion est impossible.

Si on vous avait laissé dans le voisinage du pays que j'occupe, je me serais fait fort de vous faire sortir de n'importe quelle forteresse et, à l'aide de mon traîneau, nous aurions peut-être pu franchir la Baltique.

Il m'a offert sa bourse que je me suis empressé de refuser, trouvant que j'avais de l'argent en quantité suffisante.

Si jamais, dans la situation où vous allez vous trouver, vous avez besoin de quoi que ce soit, adressez-vous à moi en toute confiance, m'a-t-il dit.

Je l'ai remercié avec des larmes dans les yeux et lui ai serré les mains avec effusion, en lui disant un dernier adieu ; un grand traîneau, attelé de deux magnifiques chevaux, l'attendait à la gare.

Oui, je l'avoue, j'ai eu le cœur serré en le voyant disparaître.

(Il a inscrit son nom sur mon carnet de voyage, avec une entière franchise, mais je ne veux pas le reproduire ici, de peur de lui attirer des désagréments.)

Ce nom est un des premiers parmi la noblesse polonaise, qui a lutté si souvent pour son indépendance ; dans tous les cas, c'est celui d'un homme de cœur.

Après son départ, la tristesse s'était emparée de moi et toutes mes réflexions se reportaient, à l'avance, sur ce pays sauvage où j'allais être interné, lorsqu'un incident des plus comiques qu'on puisse imaginer vint faire diversion à mes idées mélancoliques.

Le train allait repartir, après un arrêt de quelques minutes à une station dont je ne me rappelle pas le nom, et il faisait déjà nuit, lorsqu'une grosse dame, en retard, arrive toute essoufflée en face de notre compartiment, réservé aux prisonniers.

Un employé de la gare ouvre la portière, fait monter cette grosse dame en la poussant de toutes ses forces et la referme vivement derrière elle, car le train se mettait déjà en marche.

Malheureusement pour cette pauvre femme, la portière en se refermant avait pris sa robe et l'empêchait de se redresser; or, comme elle était devant moi, elle me tomba lourdement sur les genoux.

La situation dans laquelle je me trouvais me fit prononcer quelques mots en français qui la glacèrent d'épouvante; elle se retourna vers moi, tout autant que sa robe prise à la portière pouvait le lui permettre, et aussitôt qu'elle eût vu mon uniforme français, elle poussa un de ces cris de terreur, que je n'oublierai jamais.

Voyant ensuite les trois hommes armés qui étaient devant elle, ses cris redoublèrent, et elle se mit en même temps à faire des efforts inouïs pour se débarrasser de mon contact.

Mes trois soldats et le sous-officier riaient à gorge déployée et faisaient un vacarme d'enfer; j'en faisais autant, je l'avoue, tant la situation était grotesque et pour augmenter encore la frayeur de cette malheureuse, les soldats lui disaient que j'étais très méchant et très dangereux.

La pauvre dame suait à grosses gouttes, se passant la main sur le front, se cachant les yeux et poussant des

soupirs capables d'attendrir le cœur le moins sensible ;
elle frappait sur la vitre au point de se briser les mains,
mais le train marchait toujours et elle n'en restait pas
moins rivée à la portière, toujours sur mes genoux.

Je ne m'en plaignais pas trop, parce qu'elle me
communiquait de sa chaleur et ce n'était pas à dédaigner pour quelques instants ; elle remplaçait avantageu-
sement la bouillotte qu'on n'avait pas pensé à m'offrir.

Cette femme avait fait, dès le début, des efforts
surhumains pour arracher sa robe de la maudite portière, peine inutile, l'étoffe était de trop bonne qualité.

Cette situation comique a duré un grand quart-
d'heure, c'est-à-dire jusqu'au moment où nous sommes
arrivés à la station suivante.

Il fallait voir le tapage qu'elle faisait, lorsque le train
s'est arrêté, afin qu'on vînt lui ouvrir !

De mon côté, je commençais à avoir assez chaud, et
d'ailleurs j'avais peur que cette grosse masse ne me
tombât évanouie entre les bras.

Enfin ! on est venu ouvrir cette fâcheuse portière et
je vous assure que, malgré son peu d'agilité, ma com-
pagne d'un quart d'heure ne s'est pas fait prier pour
me débarrasser de son fardeau.

Cette histoire m'a fait bien rire, malgré la situation
dans laquelle je me trouvais, et je ris encore en la
racontant...

....

Nous arrivons à Kœnigsberg à onze heures et demie
du soir ; malgré cette heure tardive, le quai de la gare
était encombré de monde.

Les Prussiens, hommes, femmes et enfants, assistaient
à l'arrivée de tous les trains, venant attendre les malades
ou les estropiés qui rentraient de France.

Mon courage moral, en descendant du train, a été

soumis à l'épreuve la plus rude que j'ai eu à supporter dans ma vie.

Mon uniforme français avait surexcité cette population venant attendre des blessés.

Les femmes me mettaient le poing sur la figure, les enfants me jetaient des pierres !

Que faire ?

Mes gardiens, qui auraient dû me protéger, restaient impassibles à ce spectacle ; ils se contentaient de boire le café chaud qu'on leur offrait ; à moi, rien.

A un moment pourtant, tout mon sang s'est révolté !

Un soldat allemand, auquel il manquait une jambe, *venait de me frapper d'une de ses béquilles en pleine poitrine !*

Je n'y ai plus tenu, je voyais tout rouge : un coup de poing allait abattre ce forcené, trop facilement, hélas ! lorsqu'un de mes gardiens a arrêté mon bras ; je l'en remercie, car c'était un invalide que j'allais châtier !

Il m'a empêché de commettre une mauvaise action.

Mais, pourquoi me frapper ?

Ne suis-je pas sans défense, moi aussi !

. . . .

La caserne où je devais passer la nuit, se trouvait à plus de trois kilomètres de la gare et la route était couverte de neige ; ajoutez à cela, l'hostilité de la population, et vous comprendrez que j'aie fait demander un traîneau à mes frais, ce qui m'a permis de voyager tranquillement jusqu'à la caserne.

En arrivant dans la chambre où je devais passer la nuit, j'ai vu sur une table un képi français ; je me trouvais avec un jeune vétérinaire de l'armée de Metz, M. Rousseau, qui avait retiré sa parole comme moi et qui était également dirigé sur le fort de Boyen.

Nous avons causé jusqu'à trois heures du matin.

15 JANVIER

A neuf heures du matin, nous avons vu arriver dans notre chambre un prisonnier français qui venait pour allumer du feu ; c'est un brave Alsacien qui nous a appris que cette caserne dans laquelle nous venions de passer la nuit, contenait environ 1.000 prisonniers.

En ouvrant la croisée, j'ai pu les voir dans une vaste cour où on faisait l'appel ; ils avaient l'air d'avoir bien froid, ces pauvres soldats, car ils sautaient sur place pour se réchauffer.

J'ai remarqué parmi eux, beaucoup de turcos qui n'avaient que leur pantalon de toile et le thermomètre marquait 20 degrés de froid.

L'Alsacien nous a dit qu'il y avait beaucoup de malades et que tous les jours, sans exception, *il en mourait cinq ou six !*

Ces renseignements m'ont serré le cœur, en songeant aux souffrances que nos soldats enduraient sur cette terre inhospitalière.

Hélas ! beaucoup de ceux que le sort des armes a jetés ici, ne reverront plus leurs foyers.

N'aurait-il pas mieux valu, pour ces nobles victimes, tomber au champ d'honneur, plutôt que d'avoir une pareille fin, après tant de souffrances physiques et morales ?

Ah ! certainement oui ; tomber sur un champ de bataille en faisant son devoir est une mort glorieuse, mais finir ses jours dans l'exil, au milieu de privations de toute sorte, c'est la fin la plus déplorable que puisse avoir un soldat.

Si dans le lieu où je vais me trouver j'étais malheureux, si je souffrais, moi aussi, je n'aurai qu'à jeter un regard du côté de Kœnigsberg ou de tant d'autres côtés ; cela me suffira.

. . . .

On nous fait monter en chemin de fer à une heure quarante minutes, très tard par conséquent, ce qui indique que cette dernière journée de voyage ne sera pas très longue ; à deux heures, nous arrivons à Eylau !

A ce nom, prononcé par les employés du chemin de fer, j'ai bondi sur ma banquette ; mon cœur a battu avec force et j'ai ouvert la fenêtre avec un empressement extraordinaire.

Le sous-officier qui me conduisait, m'a montré l'église à côté de laquelle se trouvait Napoléon, le jour de la bataille.

Ces souvenirs de notre gloire militaire passée m'ont conduit à faire un malheureux rapprochement entre ces deux époques.

Nos armes triomphaient alors, tandis que maintenant c'est mon pays qui est foulé aux pieds par l'étranger.

Quel contraste !

J'ai pu contempler un instant ces vastes plaines où notre cavalerie avait déployé une si brillante valeur, je ne pouvais me lasser de regarder au dehors, malgré le froid très intense qui me glaçait la figure.

La plaine était couverte de neige et elle tombait comme dans cette fameuse journée où les Prussiens ont été culbutés.

J'ai fini par refermer la portière et me suis blotti dans mon coin, à moitié gelé, laissant libre carrière à mes réflexions ; le train marchait toujours et enfin, à quatre heures quarante minutes, nous arrivons à Lötzen, dernière station qui se trouve à trois kilomètres environ de la forteresse de Boyen.

J'avais tellement froid en descendant du wagon,

qu'une sorte d'engourdissement s'était emparé de tout mon être et j'avais grand besoin de fouetter le sang.

Rentrés dans une salle de la gare avec mon compagnon Rousseau, le vétérinaire, et nos deux escortes qui formaient une véritable escouade (car lui aussi, avait son escorte pareille à la mienne), nous nous sommes empressés de demander du café très chaud et nous avons été servis à souhait, car il était brûlant.

A peine étions-nous en face de notre café, qu'une porte s'ouvre et donne passage à quatre officiers prussiens, couverts de grands manteaux avec les collets relevés par-dessus les oreilles; celui qui était en tête, paraissait être le supérieur en grade, car les trois autres se tenaient respectueusement en arrière.

Il s'avance vers moi, sans se découvrir, et d'une voix très rude, il me dit: « *C'est fu qui êtes l'officier Percace ?* »

J'avais envie de rire en entendant ainsi dénaturer mon nom, mais je me suis contenté de sourire légèrement, ce qui n'a pas échappé à mon interlocuteur et je lui ai répondu dans son jargon: « *Foui, c'est moi qui souis l'officier Percace.* »

Il est bien entendu que je ne me suis pas levé pour lui répondre, et comme il ne m'avait pas salué en m'adressant la parole, j'ai accentué le geste d'enfoncer mon képi plus profondément sur ma tête.

Ce geste significatif, joint à mon attitude, n'a pas paru lui plaire beaucoup, et il m'en a donné de suite la preuve, car il m'a dit sur un ton très hautain : « *Ché souis lé commandant dé la fortéresse dé Boyen, quand fus auré fini, fus partiré !* »

Mon café est trop chaud pour que je l'avale tout de suite, lui ai-je répondu ; il m'a tourné les talons et ses trois officiers l'ont suivi.

A-t-on jamais vu un butor semblable ?

Depuis quand un officier prisonnier n'a-t-il plus droit au respect du vainqueur, et n'est-il pas salué le premier, serait-ce même par un général ?

Il aurait voulu sans doute, ce colonel prussien, qui commande où je vais être enfermé, que je commence dès aujourd'hui à me courber devant lui.

Il ne me connaît guère et pour peu qu'il continue à me traiter sur le même ton, je lui apprendrai que j'ai du sang français dans les veines.

Après avoir absorbé notre café, on nous a fait prendre la direction de Boyen, à pied bien entendu, et ce n'est qu'après trois quart d'heure de marche dans la neige que nous sommes arrivés devant la forteresse.

Quel aspect peu réjouissant !

On nous a fait traverser deux pont-levis, des murs épais, des voûtes sombres qui semblaient être sous terre.

Tel est le tableau que nous avons eu sous les yeux à notre arrivée.

On nous a dirigés ensuite vers un grand corridor voûté, où se trouvaient, à droite et à gauche, des portes avec d'immenses verrous ; on a ouvert une de ces portes et un officier qui nous suivait nous a dit : « *Voilà votre logement !*

En voyant deux paillasses par terre, avec une simple couverture par dessus, j'ai dit à l'officier : « ce n'est pas tout ? »

Cette triple brute s'est mise à rire d'une manière sardonique et m'a répondu : « oui, c'est tout, ce n'est donc pas assez ? »

J'avoue que je lui aurais craché à la figure, si je ne m'étais pas contenu.

Il est parti après avoir visité nos bagages afin de s'assurer qu'il n'y avait pas de revolver.

C'est donc ça, un officier prussien ?

Lorsque nous avons été seuls, mon camarade Rousseau et moi, nous nous sommes tournés l'un vers l'autre en partant d'un grand éclat de rire et nous sommes mis à examiner nos lits : nous n'avions en effet, *qu'une paillasse, une couverture et un traversin en paille,* le tout sur les dalles de notre casemate, car c'est bien dans une casemate, sous terre, que nous sommes enfermés.

Il était six heures environ et nous n'avions rien mangé depuis le matin, nous attendions notre repas du soir avec une certaine impatience ; pour tuer le temps, nous nous livrions mutuellement aux réflexions que suggérait en nous cette première mise en scène.

Nous avons attendu inutilement notre dîner ; nous n'avons rien vu venir de toute la soirée et fatigués d'attendre, nous nous sommes couchés.

Avant de nous endormir, nous nous sommes communiqués nos impressions réciproques qui étaient identiques ; on nous traitait avec trop de sans-façon.

Notre conduite n'a rien de répréhensible, et nous avons droit aux égards que comporte l'épaulette, d'autant plus qu'en nous internant ici, ils nous ont mis dans l'impossibilité matérielle de nous évader.

Je ne veux pas en dire davantage pour aujourd'hui, espérant que demain nous serons traités d'une manière plus convenable, car il ne me semble pas possible qu'en Europe, c'est-à-dire dans un pays civilisé, on traite de la sorte des officiers.

En attendant, je vais chercher à dormir pour tromper la faim qui m'éguillonne.

Qui dort, dîne !

MA CAPTIVITÉ SOUS LES VERROUS

16 JANVIER

J'avais hier, des pressentiments fâcheux sur les dispositions que l'on paraissait prendre à notre égard, je ne me trompais pas.

On ne nous avait pas donné la moindre nourriture hier au soir, sachant pourtant bien que nous n'avions rien mangé depuis le matin.

Aujourd'hui, on ne nous a apporté qu'à midi et demi seulement, deux écuelles de riz, avec un mince morceau de lard.

J'avoue franchement, malgré toutes mes appréhensions, de la veille, que mon désappointement a été grand à l'aspect de cette nourriture ; pour compléter le tableau, *on nous a prévenus que nous étions privés de pain, et que nous n'aurions cette bouillie qu'une seule fois par jour !*

L'indignation et la colère ont fait place bien vite au désappointement que j'éprouvais, aussi, à peine le geôlier avait-il refermé la porte de notre casemate, que mon écuelle volait en éclats ; elle était d'une saleté révoltante, un coup de pied en a fait justice, et le riz qu'elle contenait est allé tapisser les murs de ma prison.

On nous traite donc pire que des criminels ?

Ils ne comprennent pas le sentiment qui nous a fait agir, sans cela ils verraient bien que notre conduite n'a rien qui puisse donner prise à un blâme quelconque.

Que signifient donc ces privations auxquelles on veut nous soumettre ?

Vous avez le seul droit de prendre, vis-à-vis de nous,

les mesures de précautions les plus grandes possibles pour empêcher notre évasion, vous les avez prises d'ailleurs assez sévères en nous enfermant ici, nous n'y trouverons pas à redire; mais là se borne votre droit, ne nous privez pas de pain, ne nous privez pas d'air non plus, car vous nous avez déjà prévenus que nous ne devions pas sortir.

C'est dans un tombeau que vous nous enfermez alors !

Vous employez des mesures barbares, indignes d'un peuple civilisé.

Je ne connais pas en Europe, une seule prison où l'on refuse du pain aux prisonniers ; vous n'êtes pas dignes d'en faire partie, vous n'êtes qu'un peuple de sauvages.

TROIS HEURES DU SOIR

Notre porte s'ouvre et donne passage à deux officiers prussiens et un lieutenant-colonel français dont je ne connais pas le nom, ce dernier devant nous servir d'interprète.

J'ai dit au lieutenant-colonel que je ne comprenais pas la façon dont nous étions traités, et que je protestais, au nom de mon pays, et aussi au nom de l'humanité, contre une pareille manière d'agir.

On ne nous donne pas du pain et on nous refuse d'en acheter avec notre propre argent; cette conduite est indigne et ne nous inspire que le mépris.

Le lieutenant-colonel a répété mes paroles en allemand aux deux officiers prussiens, parmi lesquels se trouvait le commandant du fort par intérim. Celui-ci a répondu que c'était l'exécution des ordres formels du commandant de la forteresse, qui s'était absenté pour aller chercher des instructions à Kœnigsberg.

Ils se sont retirés tous trois sur ces dernières paroles qui ne nous laissaient aucun espoir ; ce qui m'a le plus

étonné dans tout cela, et je dirai même ce qui m'a le
plus affecté, c'est de voir que ce lieutenant-colonel
français ne nous avait même pas tendu la main.......

. . . .

Je n'ai pas mangé depuis hier matin ; le riz que
contenait mon écuelle, avait éclaboussé les murs de ma
cellule, à la suite de mon coup de pied.

Je me suis mis à lécher les murs !

J'avais faim !

HUIT HEURES DU SOIR

Vers les sept heures on a introduit dans notre casemate
un nouveau camarade ; c'est un jeune lieutenant d'infanterie du 91e, il se nomme Marchésan.

Il a été envoyé à Boyen après avoir été arrêté à
Hambourg, sous un déguisement de femme, au moment
où il prenait le train pour s'évader de Prusse.

Il a été l'objet de deux conseils de guerre ; le premier
l'avait condamné à être fusillé, le second l'a envoyé
dans une forteresse à cause de son jeune âge, sans doute,
car il n'a que vingt-trois ans.

L'arrivée de ce nouveau compagnon a animé la
conversation ; il nous a raconté toutes les péripéties par
lesquelles il venait de passer et paraissait très heureux
de se trouver encore en vie, au milieu de deux de ses
compatriotes.

17 JANVIER

Il était dix heures lorsque nous nous sommes levés,
c'est autant de pris sur l'ennemi.

A midi, on nous apporte à peu près la même pitance
que la veille, avec la seule différence que les pois secs
avaient remplacé le riz ; c'était donc encore une bouillie
et toujours sans pain.

Il ne faut pourtant pas mourir de faim, et le peu de riz que j'ai léché hier au soir après les murs, est digéré depuis longtemps.

Je laisse donc mon pied tranquille, car il avait les mêmes démangeaisons que la veille, à la vue de cette écuelle noire de saletés ; il faut avaler cette ignoble bouillie.

C'est pour toi, oh ma Patrie ! que j'ai fait le sacrifice de ma liberté !

J'ai dit que je ne faiblirais pas, je ne veux pas que la défaillance arrive si tôt; d'ailleurs, n'y a-t-il pas d'autres êtres humains qui ont une pareille nourriture?

Pourquoi donc ne la mangerais-je pas, moi aussi?

Je suis de chair et d'os, comme les autres.

Il faut du reste en passer par là, ou mourir de faim.

Mourir! non, cent fois non, je ne veux pas mourir, je tiens à vivre au contraire plus que jamais.

A quoi servirait ma mort si je ne dévoilais pas tant de turpitudes?

Et aussi, n'ai-je pas là-bas, là-bas, de vieux parents et des frères qui attendent mon retour?

Je veux les revoir, les presser sur mon cœur; j'ai besoin également de faire connaître à la France la conduite de mes gardiens qui savent si bien se transformer en bourreaux.

Je tiens à dénoncer ces mauvais traitements à toute l'Europe, et à démontrer, clair comme le jour, que les Prussiens ne sont que des sauvages dignes d'être rayés de la carte du monde civilisé.....................

....

On est venu nous prendre à trois heures et on nous a conduits, sous bonne escorte, à une centaine de mètres en dehors de nos casemates.

A peine y étions-nous, qu'un officier prussien est

venu nous donner l'ordre de rentrer ; nous avons donc regagné notre casemate, avant d'avoir eu le temps de respirer l'air du dehors.

Dans une casemate à côté de la nôtre, se trouve un prince Bonaparte, chef de bataillon au 41e pendant la guerre ; il est beaucoup mieux traité que nous, puisqu'il mange ce qu'il veut.

Il y a également, dans la forteresse de Boyen, une cinquantaine d'officiers français qui s'y trouvent internés par suite de la mesure barbare de solidarité que les Prussiens ont mise en pratique au sujet des officiers qui s'évadaient, c'est-à-dire dix d'enfermés pour un qui manque à sa parole en cherchant à s'évader.

Les vingt-cinq derniers arrivés viennent de Breslau ; il se trouvait dans cette ville, une certaine quantité d'officiers français qui avaient été des premiers à protester contre la restauration Napoléonienne à l'aide des officiers prisonniers en Allemagne.

Le gouvernement prussien a décidé que vingt-cinq d'entre-eux, désignés par le sort, seraient envoyés dans une forteresse ; il s'en est trouvé vingt-cinq qui ont refusé de tirer au sort et ils ont fort bien fait, à mon avis, je les en félicite de tout cœur.

On les a dirigés sur la forteresse de Boyen.

Il faut ajouter que ces officiers n'ont pas le même sort que nous, car ils sont libres dans l'intérieur de la forteresse et non en casemate ; ils ont une pension convenable et se promènent tant qu'ils veulent.

Au moment même où nous sortions aujourd'hui pour notre promenade qui a été si brusquement interrompue, nous en avons aperçu deux ; il leur est défendu de nous parler, et c'est à peine si nous avons entendu un faible bonjour lorsqu'ils sont passés à côté de nous.

Quel supplice, pour les uns comme pour les autres !

Nous sommes donc bien dangereux, que nous ne puissions pas serrer la main à des compatriotes ?

Je le répète et ne me lasserai pas de le répéter : on n'agirait pas autrement à l'égard de grands criminels.

Vous n'avez pas le moindre sentiment d'humanité, hommes barbares que vous êtes, vous n'appartenez pas à l'Europe civilisée.

Voyez les Russes, nos voisins du Nord, qui occupent les latitudes extrêmes de notre Europe, se sont-ils conduits de cette façon pendant la guerre de Crimée ?

Ils n'étaient pourtant pas vainqueurs comme vous l'êtes aujourd'hui.

Non, voyez-vous, chez eux comme chez nous, il n'y a qu'une seule règle de conduite : *droiture, loyauté !*

Vos officiers, au contraire, savent si bien se transformer en geôliers, que mon cœur de soldat en est rempli de mépris. Au lieu de chercher à adoucir, vis-à-vis d'officiers comme eux, les ordres sévères qui leur viennent d'en haut, je commence à croire qu'ils s'ingénient non-seulement à les exécuter à la lettre, mais encore à en augmenter la dureté.

Vous n'êtes pas des officiers, *vous êtes de vrais garde-chiourme !*

18 JANVIER

Mes impressions de la journée ne seront pas longues à noter ; notre pâture est arrivée comme d'habitude, entre midi et une heure. On a bien voulu nous dire que le commandant de la forteresse rentrerait ce soir de Kœnigsberg et on a ajouté qu'il était probable que les rigueurs dont nous étions l'objet seraient un peu diminuées.

Je ne sais pas trop en quoi consistera cet : « *un peu*

diminuées », qu'on nous fait entrevoir ; dans tous les cas, je ne serais pas fâché que l'arrivée de ce fameux commandant qui m'a si bien reçu lorsque je descendais du chemin de fer à Lötzen, vînt nous permettre de prendre un peu l'air du dehors tous les jours, ne serait-ce qu'une heure, et en même temps d'avoir une nourriture plus convenable.

La promenade que nous avons été sur le point de faire hier était bien une erreur commise sans doute par nos gardiens, qui s'imaginaient, dans leur naïveté tudesque, que nous avions besoin de rafraîchir l'air de nos poumons ; nous avons eu beau attendre aujourd'hui, la porte de notre casemate ne s'est pas ouverte.

En fait de promenade, nous n'avons eu que celle que nous avons faite en demandant à être conduits à un certain endroit qu'on est obligé de fréquenter habituellement tous les jours, lorsque le corps fonctionne régulièrement ; on nous a pris séparément et lorsque l'un de nous rentrait, l'autre sortait avec son factionnaire aux trousses, bien entendu.

Ces diables de factionnaires, on le voit aisément, ne demanderaient qu'à faire feu ; il ne ferait pas bon trébucher en marchant, car ils prendraient cela pour une tentative de fuite et nous enverraient une balle dans les reins.

Ils ont toujours le canon dirigé sur nous et on a peur qu'un moment d'émotion, ou toute autre cause accidentelle, ne leur fasse lâcher la détente.

Ils ne sont pourtant pas si terribles que cela en campagne ; je les ai vus à l'œuvre dans maintes occasions où ils jetaient leurs fusils à terre, même avant d'être atteints ; il est vrai que leur rôle est bien plus facile ici et beaucoup moins dangereux, ils ne risquent rien.

J'ai passé mon après-midi à écrire trois lettres ; la première, à mes parents pour les informer de mon changement de résidence ; la seconde, à mon frère aîné dans le même but et enfin la troisième à mon ami Fougère, resté à Altona, pour lui donner des détails exacts sur ma nouvelle position.

Dans ma lettre à mes parents, j'ai écrit de gros mensonges avec intention ; je me suis bien gardé de leur raconter toutes les rigueurs dont j'étais l'objet, parce qu'ils sont déjà assez inquiets de me savoir en Allemagne.

Si je leur faisais connaître toute la vérité, ils ne survivraient peut-être pas à une pareille nouvelle, et puis je tiens essentiellement à ce qu'ils sachent que j'existe ; or, comme toutes nos lettres doivent être remises décachetées pour être lues avant leur expédition, ils ne recevraient rien si je me mettais à leur dire la vérité.

A mon frère aîné, je dis seulement une faible partie de cette vérité, mais je suis certain que s'il ne reçoit pas ma lettre par suite de ce qu'elle contient, il aura toujours de mes nouvelles par l'intermédiaire de mes parents ; celle-là arrivera sûrement à destination, car je dis dans ma lettre à mes parents que je suis très bien et que c'est sur ma demande que j'ai été envoyé à Boyen, afin de pouvoir connaître l'Allemagne d'un bout à l'autre.

Je suis donc obligé de me taire vis-à-vis des miens, mais la haine ne s'en amoncelle que plus dans mon cœur, et si jamais l'heure de la vengeance vient à sonner, comptez sur moi, féroces Prussiens, pour vous rendre au centuple ce que vous me faites souffrir aujourd'hui.

Je n'ignore pas que ces idées de vengeance résonnent

mal dans la bouche d'un homme civilisé et j'en demande pardon à l'humanité !

Mais aussi, pourquoi suis-je l'objet de tant de cruautés imméritées ?

L'âme la plus calme s'endurcit, le cœur le plus généreux devient un cœur de marbre et appelle à son aide cette vengeance que l'on dit être le plaisir des dieux !

Ma troisième lettre à mon ami Fougère lui a dépeint ma situation dans toute sa laideur ; il est probable que la censure qui veille sur nos correspondances l'aura mise impitoyablement de côté ; s'il en était autrement, il apprendrait le sort que l'on fait aux officiers français qui osent les braver.

Il me vient une réflexion que je tiens à noter :

Nous sommes plus de 12.000 officiers prisonniers en Allemagne ; si tous ces officiers, en commençant par les généraux, prenaient la résolution que j'ai prise, je ne vois pas trop où on pourrait les mettre et dans tous les cas, il faudrait pour les garder comme on fait à nous, une quantité considérable de troupes prussiennes.

Ce serait toujours autant de moins que l'on enverrait en France et nos officiers prisonniers se rendraient ainsi utiles à quelque chose.

C'est un rêve que je viens de faire, il ne se réalisera jamais !

Je dis jamais, parce que j'ai vu beaucoup d'officiers prenant trop de plaisir à la liberté dont ils jouissaient, pour qu'ils veuillent s'en priver volontairement.

Ce serait aux généraux à donner l'exemple de ce devoir à remplir envers la Patrie, et ils ne le donneront pas.

Ce qui fait défaut dans une large mesure, c'est le patriotisme !

N'ai-je pas aperçu, pendant mon séjour à Altona et à Hambourg, des officiers français qui saluaient, les premiers, les officiers prussiens ?

Justice divine !

Ne devrais-tu pas faire tomber la foudre sur ces têtes qui ont la bassesse de s'incliner devant l'ennemi ?

Je vois que mes impressions d'aujourd'hui ont été plus longues que je ne pensais ; elles prennent surtout une tournure trop triste pour ne pas laisser là ma plume et prendre ma pipe.

Je vais en griller une, avant de me coucher, car il est huit heures et il faut faire des économies de chandelle.

19 JANVIER

Pas grand chose à glaner dans la journée.

Nous avons eu une bouillie d'un nouveau genre, c'était simplement du vinaigre avec des fèves sèches cuites à l'eau ; j'ai été obligé de rendre la première cuillerée que j'avais mise à la bouche.

Quelle nourriture, grands Dieux ! impossible de l'avaler sans avoir l'estomac en feu.

J'ai jeté l'ignoble écuelle en grès qui la contenait tout au fond de la casemate où elle s'est brisée en morceaux, et comme je trouvais que ces morceaux étaient encore trop gros, je me suis mis à danser dessus comme un fou.

On a bien voulu nous gratifier d'un quart-d'heure de promenade, comme compensation, sans doute, à cette nourriture, ou bien pour nous permettre de digérer ces affreuses fèves.

Le temps s'étant radouci, la neige tombait en abondance, nous en étions littéralement couverts et il fallait même se secouer à chaque instant.

Ce premier quart d'heure de promenade nous a paru bien court néanmoins, mais il nous a permis de respirer l'air pur du dehors à pleins poumons.

20 JANVIER

Grande amélioration dans la durée de notre promenade, nous en avons eu une heure et nous nous trouvions six ensemble au début.

Parmi les trois nouveaux, se trouve le prince Bonaparte, dont j'ai déjà parlé ; le second est le chef de bataillon Puymorin, du 3e zouaves, et le lieutenant Lanurien, du 69e de ligne.

Nous nous étions tout d'abord mis ensemble, pour nous raconter nos misères communes, mais cela ne pouvait durer, nous aurions compromis la sûreté de l'État.

On nous a donc classés par casemate et on a mis entre les deux groupes une distance de 30 mètres environ, chaque groupe surveillé par son factionnaire, avec les mêmes tendances que vous lui connaissez de faire usage de son arme.

Dire que cela se passe dans une forteresse perdue dans les neiges de la Silésie !.....................

Il est passé à côté de nous quelques officiers français, mais il nous a été défendu de leur adresser la parole.

Un d'entre-eux, nous a jeté en passant deux numéros de l'*Indépendance Belge*, mais notre factionnaire qui ouvrait l'œil, s'en est emparé avec une ardeur sans égale et en grognant à sa façon ; il les a remis quelques instants après à un officier prussien qui est arrivé pour s'assurer sans doute si la surveillance se faisait comme il l'avait prescrit.

Je regrette beaucoup de n'avoir pas pu lire ces deux

journaux qui m'auraient mis au courant de la situation ;
je suis content quand même, parce qu'un de ces officiers
m'a dit tout bas, en passant : « *Les affaires marchent
bien.* »

Du moment que je connais le résumé de la situation,
cela me suffit.

Il ne nous est donc pas permis de lire, pas plus qu'il
ne nous est permis d'avoir un matelas et une nourriture
convenable.

Continuez comme vous avez commencé, officiers
transformés en bourreaux, complétez l'apprentissage
de ce beau métier à nos dépens, exagérez même les
ordres qui vous arrivent de l'autorité supérieure : il est
probable qu'après la campagne, une distinction ou un
avancement sera la récompense de vos services.

Quant à moi, je vous regarde comme des crétins et je
vous méprise !

21 JANVIER

La monotonie de notre existence ne me permettra pas
d'écrire longuement sur les impressions de chaque
jour ; il me faudrait répéter tous les jours exactement
la même chose, et si je ne m'étais pas imposé cette
tâche, tout autant comme passe-temps que pour ne rien
oublier des vilenies qui me sont faites, je resterais
volontiers plusieurs jours sans prendre la plume......

J'ai eu la douleur de perdre aujourd'hui un de mes
compagnons de casemate, avec lequel je passais de
longues heures à causer, c'est le jeune lieutenant
Marchésan, du 91e.

Il avait cherché à s'évader de Hambourg, sous un
déguisement de femme, comme je l'ai déjà dit ; je
ne suis pas étonné qu'il ait songé à prendre un

pareil déguisement, car il n'a pas un seul poil de barbe.

Son départ m'afflige à plusieurs points de vue : c'était d'abord un joyeux compagnon, plein d'esprit et paraissant doué d'une énergie extraordinaire, ce qui n'est pas à dédaigner par le temps qui court ; en second lieu, je suis inquiet, très inquiet même, sur le sort qui lui est réservé.

En effet, on doit trouver sans doute, que notre sort est trop doux à partager et pourtant !

Dans quel ignoble cachot veut-on donc le mettre, ce pauvre jeune homme ?

Je le plains à l'avance, de tout mon cœur..........

Dans la soirée, nous avons eu la visite de deux officiers prussiens, et vous ne vous douteriez certainement pas de l'offre qu'ils sont venus nous faire.

Ils nous ont dit d'un ton patelin, que le commandant de la forteresse nous offrait la liberté, *dans l'intérieur de la forteresse,* si nous voulions donner notre parole d'honneur de ne pas chercher à nous évader.

C'est trop d'audace !

Elle les gêne donc bien, cette parole que nous avons retirée ?

Nous n'avions pas besoin de venir ici, dans un pays perdu dans les neiges, il aurait mieux cent fois valu rester à Altona où j'étais très bien.

Pourquoi osez-vous donc nous faire une pareille proposition ?

Vous imaginez-vous donc que nous sommes des marionnettes ?

Croyez-vous que les rigueurs dont nous sommes l'objet ont déjà émoussé notre résolution, ramolli notre courage ?

Sachez donc, une fois pour toutes, que plus vous

vous acharnerez après nous et plus vous augmenterez nos forces.

Voici, textuellement, ce que j'ai répondu à ces deux officiers :

« Vous voulez ma parole d'honneur ?

« Allons donc !

« Je l'ai retirée à Altona, parce que je l'avais sur le
« cœur, parce qu'elle m'empêchait de vivre, et vous me
« proposez, maintenant que je respire à mon aise,
« malgré toutes vos casemates, que je la donne encore ?

« Est-ce dans ce but que vous m'avez privé du néces-
« saire, de ce pain que l'on donne aux plus grands
« criminels ?

« Non, mille fois non, je ne veux pas vous donner
« ma parole.

« Je vous répondrai simplement que vous oubliez
« que vous vous adressez à des officiers français.

« Allez porter vos insinuations ailleurs, vous n'avez
« rien à faire ici, car mon camarade Rousseau pense
« comme moi. »

. . . .

. . . .

J'ai profité de l'occasion pour réclamer l'argent qui m'avait été enlevé à mon départ d'Altona et qu'on devait pourtant me rendre à mon arrivée à destination ; cet argent m'appartient, vous n'avez pas le droit de me le confisquer.

Ces deux officiers sont restés bouche close, car ils ne savaient seulement pas de quoi je leur parlais ; mais si eux ne le savent pas, le commandant ne doit pas ignorer qu'il a reçu de l'argent qui est ma propriété et il aurait déjà dû me le faire remettre.

Je n'ai pas la moindre confiance dans ces gens-là, à quelque grade qu'ils appartiennent.

J'étais en veine de réclamer et j'ai demandé aux mêmes officiers s'ils pouvaient me dire pourquoi nous n'avions pas de matelas.

Ils étaient comme honteux de ma demande et il y avait bien de quoi l'être, en effet.

Enfin, l'un d'eux m'a répondu que *le Ministre de la guerre n'avait pas encore autorisé!*

Je vous demande un peu si j'ai pu avaler cette réponse, mais comme je tenais à avoir le dernier mot, je me suis empressé de répondre : « *Je plains la nation « qui possède un pareil Ministre de la guerre.* »

J'ai réclamé également mon sabre que je n'ai pas retrouvé en arrivant dans ma casemate ; il était pourtant dans le même wagon que moi, entre les mains des soldats qui me gardaient.

Il m'a été répondu qu'on devait l'avoir oublié dans le wagon qui m'avait amené à Lötzen, de telle sorte qu'il était maintenant en Russie.

Je crois tout simplement qu'ils veulent me le voler, ils en sont capables ; celui qui le gardera, se vantera sans doute dans l'avenir, de l'avoir pris à l'ennemi !

Cette idée seule m'exaspère........................

....

J'ai lu un numéro de l'*Indépendance Belge* qu'un des officiers prisonniers dans la forteresse m'a jeté sous ma tunique en passant à côté de moi et sans que mon factionnaire s'en aperçoive ; les nouvelles qu'il contient sont loin d'être mauvaises : Faidherbe marche en avant, et les nouvelles de Paris annoncent une résistance à outrance ; c'est le parti auquel tout le monde se range. Bravo !

Mes vœux les plus ardents vous accompagnent, mais les souffrances que vous endurez retentissent douloureusement dans mon cœur.

Avant de me coucher, je vais chanter de ma voix puissante de baryton, et de manière à réveiller tout ce qui dort dans cette forteresse, ce sublime refrain du chant des Girondins :

Mourir pour la Patrie, c'est le sort, etc.

. . . .
. . . .

Le factionnaire à la porte de ma casemate, faisait l'accompagnement à coups de crosse de fusil pour me faire taire, mais il n'a pas pu en venir à bout ; je chantais toujours à plein gosier, ce qui n'est pas peu dire, car j'ai une voix d'une puissance extraordinaire, je n'en dis pas autant de sa justesse, par exemple.

22 JANVIER

Je ne sais pas si c'est le changement de nourriture qui nous a relâchés, mon compagnon Rousseau et moi, ou bien si on introduit des purgatifs dans notre ordinaire ; dans tous les cas, nous avons la diarrhée tous les deux et sommes obligés de déranger nos factionnaires à tout instant pour nous conduire au n° 100.

C'est aujourd'hui dimanche, paysans et paysannes du village de Lötzen en ont profité pour venir visiter la forteresse de Boyen ; tout ce monde-là est autorisé à venir voir les officiers prisonniers, pendant leur promenade.

Que voulez-vous, nous leur servons de récréation, c'est-à-dire qu'on nous montre en public comme on fait des bêtes féroces dans les cirques ; ces gens nous regardent, en effet, comme des êtres fort curieux, et il y aurait de quoi en rire si on ne se trouvait pas acteur dans cette triste comédie.

Notre camarade Marchésan qui nous a quittés hier,

s'est promené aujourd'hui pendant peu de temps, un quart d'heure environ; il avait son factionnaire à lui tout seul.

Nous en avions un second avec Rousseau, et le prince Bonaparte avec ses deux compagnons en avaient un troisième.

Quel déploiement de forces dans l'intérieur d'une forteresse qui possède deux murs d'enceinte !

Que feraient-ils donc si nous étions en rase campagne ?

Eh bien, malgré l'étrangeté de notre situation, je le répète, nous ne pouvons pas nous empêcher de rire en voyant tant de factionnaires, le fusil au poing, suivre nos moindres mouvements.

Assurément, ceux qui nous verraient ainsi surveillés s'imagineraient être en présence de grands criminels, de profonds scélérats, et pourtant, il faut bien le dire, les plus scélérats ne sont pas ceux contre lesquels on prend tant de précautions, bien au contraire.

Ce soir, vers les cinq heures, c'est-à-dire à la nuit tombante, nous avons eu une scène assez étrange dans l'intérieur de notre casemate.

Notre porte s'ouvre brusquement au moment où nous nous y attendions le moins et le factionnaire, le sabre nu à la main, vient nous dire que nous pouvions fuir.

Il faut vous dire que la figure du dragon en question, car c'était un dragon prussien, était loin d'être sympathique; il était taillé en hercule et avait une mine farouche au suprême degré.

Les premiers moments ont été à la suprise que me causait une irruption si soudaine dans notre paisible milieu, mais dans moins de cinq secondes, j'ai compris qu'on allait nous assassiner s'il nous arrivait de franchir le seuil de notre casemate.

Avec la force musculaire que je possède, j'ai pris ce grand gaillard par les épaules et je l'ai forcé à sortir, malgré sa résistance, en lui envoyant un grand coup de botte au . . . .

A peine avais-je poussé la porte derrière lui, que j'ai entendu le bruit d'une dizaine d'hommes se retirant dans le corridor des casemates en éclatant de rire.

Si nous avions fait un pas, un seul pas en dehors de notre casemate, *nous étions hâchés en morceaux !*

On aurait dit de suite: « *Ils ont cherché à s'évader !* »

A qui ont-ils des comptes à rendre, ces soldats?

A leurs chefs seulement, et tant que je vivrai, on ne me sortira jamais de l'idée que ce sont leurs chefs qui ont commandé ce guet-apens.

Depuis quand, de simples soldats s'aviseraient-ils de prendre la responsabilité de pareils actes ?

Cela n'est pas possible, et cette responsabilité ne saurait retomber sur d'autres têtes que sur celles des chefs qui ont ordonné le mouvement.

Que leur avons-nous donc fait pour agir ainsi à notre égard?

Ah ! nous n'avons pas voulu donner notre parole hier ; c'est pour cela que vous cherchez aujourd'hui à vous venger en nous faisant disparaître ?

Très bien, nous saurons désormais à quoi nous en tenir sur votre compte, et nous nous tiendrons sur nos gardes.

Voyons, vous n'avez rien à craindre au sujet de notre évasion, vous savez beaucoup mieux que nous qu'elle n'est pas possible, non-seulement à cause des obstacles matériels à surmonter, mais aussi par suite des rigueurs de la saison ; nous ne pourrions pas faire un kilomètre à travers vos neiges et puis où aller?

Non, il n'y a rien à faire pour nous, si ce n'est de subir

le plus patiemment possible la tyrannie de nos bourreaux.

Nous laisserons de côté les rêves de fuite que notre
imagination ardente et patriote se plaisait à rendre
réalisables avant d'entrer dans cet enfer de Boyen.

Nous supporterons notre sort actuel jusqu'au bout,
mais vous ne nous empêcherez pas de jeter un regard
d'espoir vers l'avenir...........................
....

Tout a été mauvais aujourd'hui ; j'ai commencé par
signaler la diarrhée qui commençait à faire des siennes,
puis l'odieuse tentative que j'ai déjouée, et voilà qu'à la
fin de la journée, on nous annonce la destruction de
l'armée de Faidherbe.

Si cette nouvelle est exacte, c'est un grand revers
pour mon pays, car les Prussiens la considéraient
comme la meilleure de toutes.

23 JANVIER

Un nouveau compagnon de captivité à enregistrer, le
capitaine adjudant-major de Monthyon, du 41ᵉ de ligne,
qui est interné pour les mêmes motifs que nous ; il vient
de passer quinze jours à Custin, dans un cachot, pour
avoir simplement retiré sa parole.

Voilà comment les Prussiens traitent des officiers
qui, mettant l'honneur avant tout, préfèrent se faire
enfermer plutôt que de profiter de leur liberté ; c'est à
ne pas y croire.

Nous avons eu, ce soir, la visite du colonel commandant la forteresse ; il venait tout particulièrement pour
moi.

Quoiqu'il comprenne assez bien le français, tout en le
parlant fort mal, au point de vue de la prononciation

surtout, il s'était fait accompagner du lieutenant-colonel français dont j'ai déjà parlé et qui ne me paraît pas subir un traitement pareil au nôtre.

Il m'a fait demander de quoi je me plaignais, de vouloir bien lui exposer mes griefs, parce qu'il venait de recevoir du général d'Altona une dépêche me concernant.

J'ai répondu que depuis mon arrivée ici, et encore aujourd'hui, j'étais l'objet de rigueurs que je ne pouvais pas comprendre, que je n'avais jamais forfait à l'honneur en cherchant à m'évader pendant que j'étais prisonnier sur parole à Altona, et que je trouvais par conséquent très étrange la manière dont on me traitait.

Pourquoi ne donnez-vous pas un matelas à un officier?

Pourquoi n'a-t-il qu'une ignoble bouillie, une fois par jour seulement?

Pourquoi le privez-vous de pain?

En avez-vous le droit?

Si j'ai écrit au général d'Altona une lettre qui a subi d'ailleurs votre censure, j'ai dû croire, en voyant la façon dont j'étais traité, que j'étais victime d'une méprise; j'étais porté à penser, en effet, que l'on me prenait pour un officier ayant manqué à la parole donnée.

Je tenais à faire cesser cette méprise, et c'est dans ce but que j'ai écrit à ce général, en le priant de vouloir bien éclairer le commandant de la forteresse de Boyen sur ma démarche dont il avait constaté lui-même l'honorabilité.

Le commandant de la forteresse n'a pas eu besoin de se faire traduire ma réponse qu'il avait parfaitement comprise; il m'a répondu qu'il avait reçu les ordres les plus sévères pour moi du général de Falkeustein, à

Berlin, et qu'il se trouvait dans l'obligation de les faire exécuter.

C'était bien inutile de vous déranger pour m'apprendre cela, lui ai-je dit.

24 JANVIER

Nous avons fait, comme d'habitude, la promenade qu'on veut bien nous accorder ; c'est avec grand plaisir que je sors pour respirer l'air pur du dehors, mais il faut avouer que nous l'avons payé cher, aujourd'hui, ce plaisir.

Il ne suffit pas que nous soyons traités avec la dernière dûreté au dedans, il faut encore subir les violences de leurs soldats au dehors.

Voici les faits, tels qu'ils se sont passés :

J'ai déjà dit une fois, que nous sortions pour notre promenade en même temps que trois de nos voisins de casemate, avec un factionnaire pour chaque groupe.

Nous marchions donc tranquillement sur la neige, à dix mètres environ en avant du second groupe, lorsque le capitaine de Monthyon, voulant allumer sa pipe, s'est arrêté pour demander du feu à un des officiers qui nous suivaient.

Notre sentinelle nous a bousculés pour nous forcer à marcher et dans cette bousculade, *j'ai reçu un coup de crosse de fusil !*

Je me suis retourné contre mon factionnaire et d'un coup de poing derrière la nuque je l'ai fait rouler dans la neige : il s'est relevé, m'a envoyé un coup de bayonnette que j'ai esquivé en me jetant de côté et il allait m'éventrer d'un second coup, lorsque le factionnaire et les officiers, placés en arrière de nous, l'en ont empêché.

Une pareille brutalité est-elle tolérable ?

Traiter ainsi des officiers !

C'est le comble de l'ignominie !

Ah ! que n'ai-je eu dans ce moment le sabre qu'ils m'ont volé !

J'étais pâle de colère, et c'est un mauvais signe chez moi lorsque je prends cette couleur.

Nous avons continué notre promenade ; j'ai fait exprès de m'arrêter pour allumer ma pipe et je n'avais pourtant guère envie de fumer : je voulais voir seulement s'il recommencerait, il n'en a rien fait.

Que j'aurais eu du plaisir à l'étrangler de mes propes mains !...
.. ..

Dans la soirée, nous avons fait notre réclamation aux officiers qui viennent nous visiter tous les jours et prendre nos lettres.

Ils nous ont dit que leurs soldats avaient des consignes très sévères et qu'en outre, c'étaient de véritables brutes.

Brute tant que vous voudrez, je ne le sais que trop, mais je ne veux pas recevoir des coups de crosses dans les reins.

Jour de la vengeance, arriveras-tu jamais !

26 JANVIER

Le temps a été épouvantable, la neige tombait en abondance fouettée par un vent des plus violents et des plus froid, qui nous la lançait à la figure pendant toute la durée de notre promenade.

Malgré cela, nous n'avons pas fait grâce d'une minute à nos sentinelles que nous étions heureux de voir avec leur visage complètement couvert de neige ;

nous en avions bien tout autant, mais cela nous amusait quand même.

Dans la soirée, un officier prussien est venu nous faire lire une circulaire du général de Falkeustein, celui précisément qui a donné des ordres si sévères sur mon compte ; cette circulaire est un vrai chef-d'œuvre de crétinisme prussien, la voici :

« Ce général prévient les officiers français que l'un « d'entr'eux trahissant sa parole d'honneur, avait « cherché à prendre la fuite sous un déguisement de « femme, et qu'en conséquence, il serait traité avec la « dernière rigueur. » (Il voulait parler de Marchésan.)

Jusque-là, je ne trouvais trop rien à dire, car je crois avoir déjà donné mon opinion sur le compte des officiers qui manquaient à leur parole, mais voici la suite de cette fameuse circulaire :

« Le chef de bataillon Bonaparte et le capitaine de « Monthyon m'ont prévenu, par écrit, qu'ils retiraient « leur parole d'honneur.

« Une pareille manière d'agir montre le peu de cas « que l'on pouvait accorder à leur parole. »

Comment, voilà la conséquence qu'il ose tirer de la démarche de ces deux officiers auprès de lui ?

Il ose flétrir, dans une circulaire, un acte des plus honorables ?

Ces messieurs se mettent à sa disposition, se font enfermer dans une forteresse, et de Falkeustein trouve qu'ils n'ont pas agi d'une façon loyale ?

Mais où sera donc la loyauté, alors !

Je suis devenu furieux en lisant cette circulaire, car le cas de ces deux officiers est le mien propre, puisque j'en ai fait autant ; si mon nom ne figure pas sur cette circulaire, c'est parce que la détermination que j'ai prise à Altona a trouvé un général plus intelligent pour la comprendre.

Dans tous les cas, je ne m'en sens pas moins atteint par la bave de ce Falkenstein.

Lancer l'insulte à des officiers que l'on tient sous les verrous, c'est le comble de la lâcheté !

Vous avez beau faire et beau dire, toutes vos ignobles machinations ne rencontrent chez nous que le dédain, et feront retomber plus tard sur vos têtes, le mépris des honnêtes gens.................................

. ...

Mes camarades de casemate dorment tranquillement tandis que j'écris ; il est tard et pourtant j'entends un bruit étrange au-dessus de ma tête, on dirait, malgré l'épaisseur de la voûte, qu'il se fait là haut un tapage infernal ; ce sont sans doute des soldats avinés qui trépignent comme des enragés en l'honneur de quelque nouveau succès des armes prussiennes.

Eh bien ! je ne veux pas être en reste avec eux, je pose ma plume et je vais leur entonner la *Marseillaise*, pour répondre à leurs chansons bachiques ; ma voix est si puissante que, tout en réveillant mes compagnons, je vais empêcher, à mon tour, tout le monde de dormir.

27 JANVIER

Depuis longtemps, on nous berçait de l'espoir d'une nourriture plus convenable ; on nous remettait de jour en jour, attendant, sans doute, l'autorisation du Ministre de la guerre, comme on nous l'a dit une fois.

Nous avions si peu de choses à mettre sous la dent, que nous étions heureux de voir arriver ce changement de nourriture.

Savez-vous bien ce qu'on nous a envoyé ?

Des boulettes à la crasse et quelques pommes de terre.

Vous ne savez sans doute pas ce que j'appelle : « *des boulettes à la crasse ?*

C'est un hâchis de tous les restes de viande, arrangé sous forme de boule ; ce ne serait pas mauvais si c'était bien préparé, mais les boulettes qu'on nous a données, avaient un goût exécrable qui donnait des nausées.

Il a fallu pourtant les avaler !.....................

. . . .

Je vois avec plaisir que l'exemple que nous avons donné commence à trouver des imitateurs : il est arrivé dans la forteresse cinq nouveaux officiers qui viennent partager notre sort.

Je désire ardemment qu'ils ne soient pas les seuls à prendre cette détermination, car s'ils le faisaient en grand nombre, comme je l'ai déjà dit, ils forceraient les Prussiens à un déploiement de forces considérables dans l'intérieur de l'Allemagne.

C'est bien pour cette raison qu'on nous en veut tant !

Nous sommes sans nouvelles du théâtre de la guerre ; c'est un supplice plus grand qu'on ne saurait l'imaginer, et il faut avoir passé par ces épreuves pour en connaître toute l'étendue.

La neige tombe toujours avec la même abondance, ce qui nous contrarie beaucoup pour nos promenades, car si nos sentinelles en prennent leur part, nous avons aussi la nôtre, avec cette différence, à leur avantage, que nous ne sommes pas habitués comme eux à un pareil climat.

Je ne veux pas terminer mes impressions de la journée sans donner un échantillon du beau style du colonel qui commande notre forteresse ; j'ai pris copie d'un ordre qu'il nous a fait communiquer dans la journée, le voici ;

« ORDRE »

« *J'accepte* que les officiers français exécuteront mes
« ordres de la manière la plus stricte et, qu'en aucune
« façon, ils ne me mettront, par leur conduite, dans l'obli-
« gation d'adopter à leur égard *des mesures plus rigou-*
« *reuses*, mesures que j'emploierai *sans indulgence* et
« sans exception pour qui que ce soit, du moment que
« l'un d'eux agirait contrairement à mes ordres. »

« Signé : FLICHBERG.

« *Colonel commandant la place de Boyen* »

On voit, par cet avertissement, qu'il y a dans la forteresse des cachots tout prêts pour punir le moindre faux
pas ; avis aux amateurs !

Ce colonel compte nous effrayer avec ses menaces, il
se trompe grossièrement, Monsieur Flichberg.

28 JANVIER

On nous annonce qu'on vient de conclure un armistice.

Quelles sont les raisons de cette trêve ?

J'ai de fortes appréhensions qui me disent qu'elle ne
sera venue qu'à la suite de quelques revers ! cette idée
me chagrine et me prépare une bien mauvaise nuit ;
j'ai pourtant encore un espoir, le voici :

J'ai lu dans l'*Étoile Belge* que Jules Favre était
ardemment attendu à Londres pour assister à une
conférence, et qu'il se refusait d'y prendre part, tant que
Paris serait l'objet du bombardement; il paraît, en effet,
que notre capitale est bombardée pour tout de bon,
chose que je n'aurais jamais pu croire.

Peut-être les Prussiens laisseront-ils Paris tranquille,
pour permettre à Jules Favre de tenir sa parole.

Dans tous les cas, j'espère qu'on n'aura pas accepté les conditions écrasantes que la Prusse mettait à l'entrée en pourparlers, mais j'ai peur que cet armistice ne soit plus favorable aux Prussiens qu'à nous-mêmes ; l'élan qui existait en France, en ce moment, pourrait s'affaiblir en subissant un temps d'arrêt.

Les Français sont, de tous les peuples d'Europe, les plus faciles à entraîner, mais, en revanche, ils se laissent facilement aller au découragement ; c'est à ce point de vue que je crains de voir la suspension d'armes venir attiédir une ardeur qu'il sera peut-être difficile, sinon impossible de ranimer.

Les Prussiens paraissent à bout de forces, ils ont fait jaillir de leur pays tout ce qu'ils avaient d'hommes pouvant prendre les armes ; le mécontentement les gagne, parce qu'ils trouvent que cette guerre dure trop longtemps et fait trop de victimes parmi eux.

C'est à grand peine qu'on ferait de nouvelles levées pour continuer les opérations ; le moment est très critique pour eux, leur moindre revers pourrait se transformer en désastre.

Un vieux proverbe, mis en avant par des hommes très compétents en fait de guerre, dit ceci :

« Le plus persévérant, l'emporte. »

Ces quelques mots doivent être une ligne de conduite pour la France, qui a déjà fait de si grands sacrifices ; elle doit les continuer :

« *Le plus persévérant, l'emporte !* »

29 JANVIER

A la nouvelle de l'armistice avait succédé, ce matin, celle de la capitulation de Paris ; nous étions dans la stupéfaction, lorsque nous avons appris, fort heureusement pendant notre promenade, que ces bruits étaient faux.

La capitulation de Paris serait un coup terrible pour la France : de même que la capitulation de Metz a paralysé les efforts de la défense nationale, de même celle de Paris rendrait la résistance presque impossible.

L'armée nombreuse qui est devant la capitale deviendrait prisonnière de guerre et que pourraient faire alors nos faibles armées, levées à la hâte, contre des forces formidables, devenues disponibles, qui les attaqueraient de tous côtés ?

Cette seule idée me donne le frisson.

Je sais bien qu'il y a une limite à tout, et que la famine finira par avoir raison de la résistance de Paris, mais les jours sont quelquefois des années, en fait de résistance.

Le général Trochu vient d'être destitué de son commandement.

Placé comme je le suis, si loin du théâtre de la guerre, je ne me permettrai pas de juger cet homme qui semblait avoir pris en main, d'une manière vigoureuse, la défense de la capitale ; néanmoins, je me rappelle les réflexions que je faisais sur son compte, il y a une quinzaine de jours.

Je disais carrément que la tiédeur devait être moins que jamais à l'ordre du jour, et qu'il fallait que les tièdes fissent place à ceux dont l'âme plus fortement trempée voulaient et pouvaient faire davantage.

Je trouve que le zèle de Trochu s'était par trop ralenti depuis quelque temps.

Il a laissé établir des batteries qui permettent aux Prussiens de bombarder l'intérieur de la ville ; quel est celui d'entre nous qui aurait cru cela possible ?

Il doit pourtant posséder une artillerie formidable

qui aurait dû, à tout prix, empêcher l'ennemi d'établir ses batteries aussi près ; et nos forts avancés, à quoi donc les a-t-il fait servir ?

Vraiment, je n'y comprends plus rien, si ce n'est que je vois la fatalité s'acharner après nous.

Malgré moi et malgré tout, des idées sinistres viennent m'assaillir ; je ne voudrais pas porter un jugement téméraire, où le soupçon aurait la plus large part, mais je suis payé pour me souvenir, et j'ai vu des atrocités si grandes sous Metz, que je suis porté à me défier de tout le monde.

Je n'ignore plus que les Prussiens ne reculent devant rien pour arriver au but qu'ils se proposent d'atteindre.

On assure que c'est leur or qui a gagné Bazaine.

Ce moyen qui a réussi une fois, ne pourrait-il pas être tenté une seconde, pour avoir raison de notre capitale ?

Le chiffre de millions à offrir doit être bien peu de chose à leurs yeux, puisque nous payerons les frais de la guerre s'ils sont victorieux et *notre argent servira à payer la honte des traîtres !*

Je ne veux pas insister davantage sur les soupçons qui se glissent dans ma pensée, je regrette même que ma plume les ait retracés sur le papier ; non, ce n'est pas une raison, parce qu'il s'est trouvé un homme assez infâme pour trahir sa Patrie, pour qu'on en rencontre un second en si peu de temps.

Ce serait trop de honte pour un pays, si la même guerre voyait se répéter deux fois la même infâmie et j'aime à croire que des siècles entiers passeront avant que l'enfer vomisse un nouveau Bazaine !

Si on a enlevé le commandement à Trochu à cause de sa tiédeur, tant mieux ; on trouvera bien dans cette capitale, foyer de toutes les illustrations, une tête assez forte pour diriger la défense.

Que celui qui assumera sur lui cette responsabilité ait confiance dans sa mission glorieuse, voilà l'essentiel.

Avec de la confiance, on prend les moyens les plus prompts et les plus énergiques, qui sont toujours les meilleurs pour atteindre un but.

Avec de la confiance, on ne s'effraye pas des obstacles et on prend les moyens extrêmes, s'il le faut, pour les surmonter.

Enfin, avec de la confiance, on tente l'impossible et c'est le moment, plus que jamais, de le tenter.

30 JANVIER

Mes espérances sont déçues !

Il n'y a plus à en douter, Paris a capitulé !

Les canons de la forteresse ont fait entendre leurs grosses voix en signe d'allégresse ; ce bruit assourdissant m'a déchiré le cœur, anéanti tous mes rêves et montré l'avenir bien sombre pour la France.

Un journal allemand signale une insurrection dans Paris ; il ne manquait plus que cela.

Si les désordres de l'intérieur de la capitale ont été les seuls motifs de la capitulation, je voue à l'exécration les noms de ceux qui ont ainsi trahi leur Patrie.

Ce même journal mentionne la prise de possession de tous les forts par les Prussiens et dit qu'ils n'entreront en ville que dans trois semaines.

Tout cela est-il vrai ?

Je m'y perds et ma raison s'égare.

Oseraient-ils faire tonner tous leurs canons en signe de joie, si Paris ne s'était pas rendu ?

Ce ne doit être que trop vrai, car on se préparait

depuis longtemps en Allemagne à fêter ce grand jour qui doit mettre fin à la guerre.

Je me félicite, plus que jamais, de ne pas me trouver au milieu d'une grande ville comme Altona ou Hambourg, pour éviter le triste spectacle de tous les cris de triomphe qui doivent éclater dans les transports d'une allégresse générale.

Lorsque je me trouvais à Altona, j'étais offusqué à la vue de tous les drapeaux qu'on exhibait pour fêter l'annonce d'un simple succès partiel.

Que serait-ce maintenant s'il me fallait voir les illuminations qui ne manqueront pas d'avoir lieu dans toute l'Allemagne !

Au moins ici, je ne verrai rien de tout cela, et si je souffre intérieurement, ma vue n'aura pas le supplice de la joie qui doit déborder sur toutes les figures allemandes.

La capitulation de Paris, c'est la ruine de la France !

La lutte n'est plus possible, à moins qu'on ne veuille s'ensevelir sous des ruines.

Le même journal ajoute qu'un armistice vient d'être conclu et que le prince de Joinville a été désigné par la Prusse pour être le président de la nouvelle Constituante.

Ce n'est pas assez d'être vaincus, il faut encore que l'étranger vienne nous imposer celui qui doit présider à nos destinées.

Que va devenir la République, dans laquelle j'avais tant de confiance et que je croyais capable de survivre à toutes ces luttes, si on lui impose de pareils tuteurs ?

Est-elle destinée, encore une fois, à sombrer au début et à s'évanouir comme un météore qui apparaît et disparaît aussitôt ?

Que sont devenus mes frères ?

Cette terre de France est-elle arrosée de leur sang,

ou bien aurai-je le bonheur de les presser dans mes bras à mon retour ?

Doute cruel ! tu tortures mon âme..................

. . . .

QUATRE HEURES DU SOIR

Nous avons appris à la promenade, par les officiers internés dans l'intérieur de la forteresse, toute l'étendue de nos malheurs.

Paris a capitulé ! c'en est fait de la résistance.

Toute l'armée régulière a mis bas les armes, il ne reste plus que la garde nationale dans la capitale.

Les forts sont occupés par les Prussiens.

Je ne me sens plus la force de tenir ma plume, ma vue se trouble. mes larmes coulent !

31 JANVIER

Je n'ai pas pu dormir de toute la nuit ; les conditions que les Prussiens cherchent à imposer à la France étaient comme autant d'horribles cauchemars qui se succédaient.

Ils demandent :

1° Toute la frontière jusqu'à Besançon et à la rive droite de la Meuse, c'est-à-dire la valeur de huit départements les plus populeux de France.

2° Une de nos colonies ; c'est sans doute l'île Bourbon qu'ils convoitent.

3° Vingt vaisseaux de guerre.

4° *Quelques milliards d'indemnité !* on n'en dit pas le nombre.

Comment voulez-vous que de pareilles nouvelles venant nous trouver au fond de notre prison, ne nous plongent pas dans une tristesse mortelle !

C'en est fait de la France si de telles conditions sont acceptées ; j'aime à croire qu'ils demandent beaucoup pour obtenir peu, car je ne peux pas me faire à l'idée que nous allons perdre un dixième de notre territoire.

Nous devons payer les frais de la guerre puisque nous sommes vaincus, cela est certain, mais tout en subissant les lois du vainqueur, je trouve qu'il doit y avoir une limite raisonnable à leurs exigences.

Voilà donc où nous en sommes arrivés !

Voilà où nous a conduits ce pouvoir personnel qui trouvait de si zélés admirateurs !

Jamais, depuis qu'elle existe, la France n'avait reçu d'affront aussi sanglant, et si la Prusse a mis longtemps à prendre sa revanche d'Iéna, j'avoue qu'elle est éclatante.

Aurons-nous aussi notre tour ?

Faut-il courber la tête aujourd'hui pour la relever un jour ?

Si je n'écoutais que mon orgueil de soldat, je dirais oui, sans hésiter ; mais où cela nous conduirait-il ?

A une autre lutte plus gigantesque, plus sanguinaire encore que celle qui se termine.

Pourrait-on même dire que ce serait fini pour toujours, dans le cas où la fortune des armes nous serait favorable !

Il n'en est rien, ce serait toujours à recommencer ; il faut donc chercher le remède ailleurs.

Malgré tout ce qu'il en coûte à mon honneur militaire froissé, j'en suis arrivé, après de mûres réflexions, à désirer une revanche plus pacifique :

Oui, je me contenterais de voir l'Allemagne se débarrasser de son souverain *et s'ériger en République!*

La question du territoire perdu serait alors bien vite

réglée, car on s'entend toujours lorsqu'on a les mêmes idées.

Nous devrions chercher, par tous les moyens possibles, à introduire dans son sein les idées libérales qui nous enseignent à nous tendre la main entre peuples, et non à nous égorger ; il faudrait, en un mot, amener l'Allemagne aux idées démocratiques qui, en la débarrassant de son souverain par une révolution s'il le fallait, feraient disparaître la seule cause du conflit.

Le nôtre a disparu à tout jamais, je l'espère, de la scène politique, malgré les rêves dorés qu'il ose encore faire dans sa retraite de Willemsée ; que l'Allemagne en fasse autant, et la haine qui existe entre les deux peuples disparaîtra à la longue.

L'idée démocratique doit être le trait d'union entre tous les peuples de l'Europe.

C'est, à coup sûr, un rêve irréalisable pour le moment, que je viens de faire, mais, par amour pour l'humanité, je me contenterais de cette revanche pacifique, si elle pouvait devenir possible.

J'ai vu une partie du champ de bataille de Gravelotte pendant la nuit du 16 août ; je cherchais le corps de mon capitaine qui était tombé, à quelques mètres de moi, pendant notre charge contre un carré d'infanterie.

J'ai vu à la faible clarté des étoiles, les visages livides de ceux que la mitraille et la fusillade avaient frappés ; j'ai dû entendre les affreux cris de souffrance et de désespoir des mourants qu'il était inutile d'apporter aux ambulances et qui me suppliaient, lorsque je passais à côté d'eux, « *de les achever* ».

J'ai visité aussi les ambulances, toujours pour chercher mon capitaine, que je n'avais pas trouvé sur le champ de bataille, à l'endroit où je l'avais vu tomber.

Eh bien ! lorsqu'on a vu des monceaux de bras et de jambes coupés, l'idée seule de la guerre fait frémir.

Oui, je le dis en toute sincérité, après avoir vu de près toutes ces horreurs et ces souffrances, je préférerais voir la paix universelle qu'une revanche heureuse par les armes. . . . .

. . . .

La France va se trouver endettée pour longtemps.

Elle n'a que deux solutions devant elle :

Ou bien, laisser de côté tout espoir de recommencer la lutte, et alors on pourra faire de grandes économies sur le budget de la guerre ; ou bien, ce qui me paraît le plus probable, étant donné le caractère de la nation française, on voudra s'armer pour la revanche, et alors il faudra que tout le monde soit soldat comme en Prusse.

Quand on a vu de près, comme il m'a été donné de la voir, l'organisation militaire prussienne, on peut avoir une idée exacte de sa puissance.

Les divers contingents de guerre sont réunis et mis en mouvement avec une régularité mathématique ; ajoutez à cela, une obéissance aveugle de la part de tous, à quelque classe de la société qu'ils appartiennent.

Le rang et la naissance, pas plus que la fortune, ne sont des titres d'exception, comme cela arrive chez nous où l'argent joue un trop grand rôle pour éviter l'impôt du sang.

Je me vois vraiment forcé, malgré moi, d'admirer la sagesse et la justice qui ont présidé à une pareille organisation.

Nous étions bien éloignés de nous en douter en France, parce que les personnes chargées de nous éclairer nous laissaient dans une complète ignorance à ce sujet.

L'Empire n'avait-il pas, d'ailleurs, créé à dessein les cafés-concerts pour endormir la nation et lui faire oublier son Deux-Décembre?

En Allemagne, l'armée tient le premier rang dans la société, tout s'incline devant elle ; on peut dire qu'elle règne en maîtresse absolue.

A ce point de vue, mon admiration est bien moins grande, car si je veux que l'armée soit honorée et respectée, je ne me sens pas disposé le moins du monde à la voir tout absorber.

La grandeur d'un peuple ne réside pas seulement dans la force de ses armées, tant s'en faut : qu'une nation ait besoin d'une armée nombreuse et aguerrie pour défendre l'intégrité de son territoire, je l'admets sans peine, et j'ajouterai même que par le temps qui court, c'est une question de vie ou de mort pour elle ; mais j'aime mieux placer sa vraie grandeur dans l'étendue de son commerce, de son industrie, ainsi que dans la culture des lettres, des sciences et des arts.

Voilà sa vraie grandeur !

1er FÉVRIER

La nouvelle vient d'arriver que l'armée de Bourbaki s'était retirée en Suisse pour échapper à l'ennemi, et qu'elle y resterait internée comme prisonnière en vertu des traités ; on ajoute que le général Bourbaki se serait fait sauter la cervelle.

Nous n'avons donc que des désastres à enregistrer !

Non, la lutte n'est plus possible, car les forces humaines ont des limites tracées par la nature.

Il ne nous reste plus qu'à courber la tête !

2 FÉVRIER

Rien n'est venu troubler la monotonie de notre existence, nous avons passé la journée à parler de la guerre actuelle et des fautes énormes qui avaient conduit la France à sa perte.

Nous avons comparé nos généraux aux généraux prussiens, et la comparaison nous a attristés ; nous avons été amenés à cette conclusion fatale, que les anciennes troupes régulières avaient eu beaucoup trop de mauvais généraux pour les commander, et que les nouveaux généraux qui ont pu surgir pendant la dernière période de la guerre ne pouvaient pas trop compter sur la solidité des troupes nouvellement formées.

Il devait en être inévitablement ainsi pour ces dernières, les cadres leur ont fait également défaut ; on a bien créé des officiers de toutes pièces, par grandes fournées, mais, malgré tout leur bon vouloir et leur patriotisme, ils ne pouvaient pas être, pour un grand nombre d'entr'eux au moins, à la hauteur de leurs nouvelles obligations, en face d'un ennemi aguerri et victorieux.

Ces idées me sont suggérées par un officier de la mobile, qui se trouve avec nous depuis quelques jours ; il appartient à la presse et a été fait prisonnier au Bourget.

Il m'a avoué qu'on n'avait pas confiance dans l'armée actuelle, et que toutes les fois qu'on marchait contre les Prussiens, « *on y allait avec l'assurance d'être battus* ».

Pas de confiance, pas de succès.

J'ai pourtant de la peine à comprendre ce découragement de la part de nos soldats, et je ne peux me l'expliquer que par l'absence de cadres solides, qui devraient donner l'impulsion aux hommes et ramener la confiance qui manque.

Si l'armée de Metz avait regagné l'intérieur, tout était sauvé, car elle aurait pu servir de noyau à quatre armées nouvelles des plus solides devant l'ennemi.

Il n'en est pas ainsi, la trahison en a décidé autrement.

3 FÉVRIER

Pour tromper l'ennui qui nous dévore, nous employons tous les moyens possibles : nous venons donc de fonder un journal intitulé : *le Panurge.*

Rien n'y manque : revue politique, littéraire, financière, rébus, mots carrés, annonces et feuilleton.

Chacun de nous est obligé de s'ingénier pour apporter sa somme de travail et faire vivre cette feuille quotidienne qui n'est tirée qu'à un seul exemplaire ; nous sommes obligés de nous la faire passer de casemate en casemate, par l'intermédiaire des factionnaires, moyennant quelque menue monnaie.

J'ai beaucoup ri aujourd'hui à la lecture de ce premier numéro, et je pense qu'il en sera de même tous les jours.

Que voulez-vous ? Il faut tuer le temps comme on peut, d'autant plus que nous sommes obligés d'abandonner notre heure de promenade à cause des rigueurs de la saison.

4 FÉVRIER

Chacun de nous sera victime, à son tour, de la brutalité de ces soldats prussiens qui nous escortent à la promenade.

Aujourd'hui, c'est mon camarade Rousseau qui, non-seulement a été bousculé d'importance, mais bien encore menacé de la pointe du sabre s'il ne marchait pas.

Ce n'est pas tout, le commandant Bonaparte a été mis en joue par un autre soldat, parce qu'il s'amusait à glisser sur la neige comme font les enfants, et s'il avait fait une glissade de plus, après la défense du factionnaire, il était sûr de recevoir une décharge à bout portant.

A-t-on jamais vu une atrocité semblable ?

Dans le cas où notre protestation ne ferait pas cesser de pareils abus, nous serons forcés de ne plus sortir.

Savez-vous que ce n'est pas rassurant du tout, de savoir derrière soi des hommes presque toujours ivres qui ont sans cesse le canon de leur fusil dans votre direction.

Et dire que toutes ces ignominies doivent rester impunies !

Vengeance ! je comprends maintenant combien tu peux paraître douce en certains moments...........

....

Notre journal, *le Panurge*, a brillamment poursuivi son œuvre dans son deuxième numéro ; il promet de devenir très intéressant.

5 FÉVRIER

Ma chevelure commençant à prendre de trop grandes dimensions, j'ai demandé un perruquier ; on m'a fait répondre que personne ne devait communiquer avec les prisonniers.

Est-il possible de dire de pareilles bêtises?

Ce ne sera pas avec un soldat prussien, transformé

en perruquier, que je pourrai comploter mon évasion ; c'est tout simplement absurde.

Eh bien, ne serait-ce que pour agacer le commandant de la forteresse, je me suis empressé de lui réclamer par écrit, *cette importante faveur*, ne comptant pas, le moins du monde, sur la réussite de ma réclamation.

J'ignore si c'est parce que j'ai fait intervenir ironiquement dans ma lettre au commandant, l'histoire de Samson et de ses cheveux, mais toujours est-il que j'ai vu arriver un perruquier auquel j'ai donné toute latitude pour opérer à sa fantaisie ; je suis convaincu que ma coupe de cheveux ne ferait pas fortune sur le boulevard des Italiens.

L'heure de la promenade était arrivée, mais j'ai refusé de sortir, préférant de beaucoup rester enfermé que de voir ces ignobles soldats abuser de notre situation ; ce qu'il y a de plus fort, c'est qu'on voulait me faire sortir malgré moi.

A toutes leurs sommations, je me suis contenté tout d'abord, d'opposer la force d'inertie, mais lorsque je me suis aperçu qu'on voulait me faire sortir quand même, je me suis couché sur mon grabat, feignant d'être malade.

Cela ne leur convenait pas, parce qu'ils se sont crus obligés, après avoir fermé ma porte à clef et mis le verrou, de mettre un nouveau factionnaire, pendant que l'autre accompagnait mes deux camarades à la promenade.

Ils croyaient sans doute à une tentative d'évasion.

La réclamation de mon compagnon Rousseau est demeurée sans effet et je n'en suis pas étonné ; je crois même que si ces hommes se conduisent avec tant de brutalité à notre égard, c'est grâce aux recommandations de leurs dignes chefs.

C'est donc peine perdue que de réclamer contre cet abus intolérable de la force.

Dans de pareilles conditions, j'aime mieux ne pas sortir pour m'éviter de mettre à exécution l'envie démesurée que j'ai d'étrangler un de ces maudits soldats, de mes propres mains.

Notre journal continue à faire merveille et je regrette beaucoup de ne pouvoir en prendre copie, ce serait trop long à cause de ses quatre grandes pages, et pourtant il pourrait, plus tard, offrir beaucoup d'attraits.

Nous sommes sans nouvelles de ce qui se passe en France depuis quelques jours ; j'ai hâte de connaître le résultat des élections qui ont eu lieu et le genre de gouvernement que la France s'est donné.

Si la paix définitive ne sort pas de l'armistice, je suis résolu à chercher à sortir d'ici, dussé-je y perdre la vie; oui, je veux chercher à m'évader, je le jure sur ce que j'ai de plus cher au monde, car si la guerre venait à recommencer, mon séjour à Boyen contribuerait à me rendre fou.

J'attends.

6 FÉVRIER

La neige n'a pas cessé de tomber tout aujourd'hui avec une violence inouïe ; nos croisées en sont tellement garnies, que nous n'y voyons plus clair dans notre casemate, en plein jour ; il y aura certainement, cette année, les douze pieds qu'on nous a signalés, à notre arrivée, comme étant la ration habituelle de tous les hivers ; je suis même convaincu que nous aurons bonne mesure, parce que cet hiver de 1871 me paraît devoir être très rigoureux.

Le chemin de fer ne peut plus circuler pour entrer

en Russie, par suite des grandes masses de neige qui encombrent la voie.

Quel pays !

Je ne viendrai jamais y prendre ma retraite.

C'est pourtant dans un pays semblable que nous sommes aussi durement traités, dans l'intérieur d'une forteresse qui possède plusieurs ponts-levis !

7 FÉVRIER

Il paraît que la réclamation de Rousseau, au sujet de la brutalité dont il a été l'objet de la part du factionnaire, a produit un certain effet, du moins en apparence.

Deux officiers prussiens sont venus nous demander des renseignements détaillés sur ce qui s'était passé.

Le soldat en question a nié effrontément le fait d'avoir tiré son sabre, mais à la suite d'une foule de questions, il a fini par dire que son sabre s'était peut-être accroché à son mousqueton, ce qui l'avait fait sortir du fourreau.

Mais, comment la garde de ce sabre s'est-elle trouvée dans sa main, de manière que la pointe menaçât ma poitrine ? n'a eu qu'à dire M. Rousseau.

Les officiers ont paru convaincus du fait, et nous ont assurés, avant leur départ, que de pareils actes ne se reproduiraient plus à l'avenir.

La neige tombe aujourd'hui comme hier et rend toute promenade impossible ; tant que ce maudit temps durera, nous resterons, dans nos casemates respectives, à réfléchir....................................
....

Il nous est arrivé un bruit auquel je ne veux pas ajouter foi :

« Les Prussiens demanderaient à la France, à titre
« d'indemnité, la somme fabuleuse de *dix milliards !* »

Il est matériellement impossible qu'on cède à de
pareilles exigences et, alors, la lutte continuera.

8 FÉVRIER

Nous avons passé la journée dans le calme le plus
complet ; la neige ne tombe plus comme les jours précédents, elle a fait place à un froid excessif.

Nous avons eu, ce matin, vingt-six degrés de froid
et on a bien voulu nous prévenir que ce n'était que le
commencement.

Depuis la fondation du journal *le Panurge*, j'avais
fourni ma collaboration en prose, comme tout le monde,
mais aujourd'hui, je me suis mis à faire des vers sous
ce titre : « *La Vengeance !* »

Ce sont trois couplets, sur l'air de *la Marseillaise*,
mais qui n'ont rien de l'immortelle chanson de Rouget
de l'Isle.

Je ne suis pas un enfant gâté des Muses, tant s'en
faut, mais, malgré toutes leurs imperfections, je ne
leur donne pas moins place dans mes Mémoires, puisque j'ai pris la ferme résolution d'écrire tout ce que je
faisais et, surtout, tout ce que je pensais.

LA VENGEANCE !

(Air de *La Marseillaise*).

PREMIER COUPLET

Oh France ! oh ma France chérie !
Debout, debout, pour te venger !
Dans tes veines circule la vie.
Lève-toi et fais face au danger *(bis)*.

N'entends-tu pas dans cette plaine
Couverte de tes ossements,
La voix de tes milliers d'enfants
S'écrier, dans une noble haine :
Vengeance ! citoyens !
Serrons, serrons nos rangs,
Jurons, jurons de rabaisser
L'orgueil des Allemands !

DEUXIÈME COUPLET

Si de nos cœurs, la haine éteinte
Faisait un jour place au pardon,
Ce serait, disons-le sans crainte,
Du devoir, le saint abandon *(bis)*.
N'avons-nous pas dans cette France
Que l'ennemi a profanée,
Notre devoir à tous tracé ?
Poussons donc le cri de délivrance !
Vengeance ! citoyens !
Serrons, serrons nos rangs,
Jurons, jurons de rabaisser
L'orgueil des Allemands !

TROISIÈME COUPLET

De sa Patrie, un homme infâme,
Au lieu d'être le fier soutien,
A préféré vendre son âme
Et livrer son armée au Prussien ! *(bis.)*
Ce nom maudit, ce nom du traître,
Suffit pour ne pas oublier
Qu'il reste la France à venger
Des revers qu'il lui a fait connaître !
Vengeance ! citoyens !
Serrons, serrons nos rangs,
Jurons, jurons de nous ruer
Contre les Allemands !

9 FÉVRIER

La température devient de plus en plus glaciale (
nous n'avons pas été surpris d'apprendre par les off
ciers qui sont venus nous visiter, que le thermomètr

était descendu à 33 degrés ; il ne me paraît pas possible qu'il puisse faire plus froid au pôle Nord.

Je ne me serais jamais imaginé pouvoir résister à une pareille température, ce qui prouve qu'il ne faut douter de rien, c'est-à-dire qu'on peut s'habituer à tout.

Ce que je ne dis pas, par exemple, c'est le nombre de fois que nous sommes obligés de nous lever dans la nuit, pour battre la semelle contre les murs pour nous réchauffer.

10 FÉVRIER

J'ai fait paraître aujourd'hui dans *le Panurge,* n'oubliez pas que c'est notre journal, quelques vers qui m'ont été suggérés par la circonstance, et que je reproduis, malgré leur mauvaise confection :

LA PLAINTE DU CAPTIF

Après bien des combats, mais jamais de revers,
L'armée de Metz s'est vue, aux yeux de l'univers,
Obligée de quitter la ville glorieuse,
Qui de sauver la France était si soucieuse.
Elle n'existe plus, elle a perdu son nom,
Ses débris sont captifs chez une autre nation !
Qui donc à cette fin si triste, si honteuse,
A conduit cette armée, jadis si valeureuse?
Les combats qu'en jouant tous les jours on livrait,
Semblaient faire espérer qu'enfin on sortirait,
Non pas comme on l'a fait, sans drapeaux et sans armes,
Mais bien en s'en servant, pour épargner nos larmes !
Quel démon infernal a soufflé dans ton cœur,
Bazaine, homme maudit ! qui vis notre douleur !
D'un Français dévoué tu n'as plus droit au nom,
Vainement tu voudrais implorer ton pardon :
Tous ceux que ton forfait a livrés sans défense,
De se rendre, à merci, ont ressenti l'offense !
Ils ont voué ta race au dégoût, au mépris.
Dans les siècles futurs on sera tout surpris,
On ne comprendra pas qu'un chef aussi infâme,
Sous les pieds des soldats, n'ait pas rendu son âme !

Vers l'exil, par milliers, tant de nobles victimes
Ont été envoyées dans des wagons infimes.
Des wagons à bestiaux devaient les diriger
Vers des lieux inconnus, mais non pas sans danger :
Je ne veux pas parler des dangers de la guerre,
Mais il en est bien d'autres, et ceux de la misère,
Pour être moins brillants, n'en sont pas moins réels,
Et laissent après eux des souvenirs cruels !
Des aliments grossiers pour toute nourriture,
Pêle-mêle entassés, parmi la pourriture,
Beaucoup ont succombé ! Oh, trop funeste sort !
Au lieu de soins amis, ils ont trouvé la mort ?
S'il est beau de mourir sur un champ de bataille,
De tomber expirant sur un lit de mitraille,
Il est bien triste, hélas ! de mourir dans l'exil,
Éloigné des combats, à l'abri du péril.
Versons un pleur sacré sur ces nobles victimes,
Qui auraient dû tomber sous des efforts sublimes !

Pour quelques officiers, la parole d'honneur
De ne pas s'évader devint une douleur.
Connaissant les efforts que l'on faisait en France
Pour faire à l'ennemi une guerre à outrance,
Ils ont loyalement retiré, par écrit,
Le marché que d'abord chacun avait souscrit.
L'état-major prussien, transporté de courroux,
Sans égard pour leur grade, a recours aux verrous.
Le climat le plus froid, le nord de la Pologne,
De leurs cruels geôliers adoucit la besogne :
Pour les récompenser de leur acte loyal,
On choisit un pays au climat glacial.
Trente degrés de froid, une neige abondante,
Ne leur paraissent pas précaution suffisante,
Pour laisser en repos, dans l'intérieur d'un fort,
Ceux qui, de les braver, ont eu l'immense tort.
Il leur faut la prison, il faut la casemate,
Comme si sur nos fronts on voyait un stigmate !
De fiel et de mépris notre âme surabonde,
Et pour nous il n'est plus d'autre plaisir au monde
De plus pur, de plus saint, que celui de venger
Les outrages sans nom qu'on nous fait endurer.

11 FÉVRIER

Il faut toujours en revenir à cette maudite tempéra

ture qui ne paraît pas vouloir s'adoucir sensiblement ; c'est à peine si nous avons un ou deux degrés au plus de moins que les jours précédents.

Pas de nouvelles de France.

Un bruit, dont je ne connais pas la source, est arrivé jusqu'à nous ; on croit au retour des d'Orléans au pouvoir, et on croit que Thiers est celui qui a le plus de chances d'être nommé Président d'une Constituante.

Je ne veux pas exprimer mon opinion avant de savoir de qu'elle façon le pays s'est prononcé ; j'aime à croire qu'il aura agi pour le mieux.

On dit également que Gambetta vient de donner sa démission ; avec lui disparaîtrait cette résistance à outrance qu'il cherchait à faire entrer dans tous les cœurs.

Je ne sais pas s'il avait tort ou raison, maintenant que Paris est au pouvoir de l'ennemi ; mais, dans tous les cas, je crois qu'on aurait grand tort de ne pas profiter du répit que donne l'armistice, pour continuer à organiser de nouvelles armées ; un semblant de résistance sérieuse suffirait pour nous faire obtenir des conditions moins dures.

Je doute que la France puisse continuer longtemps la lutte toute seule ; elle devrait pourtant trouver des nations amies pour l'empêcher de sombrer tout à fait, et si ce n'est pas l'Angleterre, par intérêt, ce devrait être au moins l'Italie, par reconnaissance de ce que nous avons fait pour elle.

Elle ne se rappelle donc pas que nous avons prodigué notre or et notre sang pour faire son unité ?

J'ai le cœur navré de trouver l'Italie aussi ingrate.

L'Autriche, elle aussi, avait une excellente occasion pour prendre sa revanche de Sadowa.

Je m'aperçois que les nations sont, comme de simples

individus, sujettes à toutes les erreurs et aussi à toutes les défaillances.

12 FÉVRIER

L'ennui a été tout aussi grand que les jours précédents ; toujours même froid et, par conséquent, pas de promenade.

Nous venons d'apprendre que l'armistice venait d'être prolongé d'une quinzaine de jours ; c'est un signe à peu près certain que la paix va être conclue.

Je ne la désire pas, malgré le lieu infect où je suis enfermé, parce que j'appréhende les dures conditions qui seront faites à la France.

L'armée de Bourbaki vient d'être écrasée par des forces supérieures ; la fatalité nous poursuit avec une implacable persévérance.

Nous payons bien chèrement nos dix-huit années d'empire !

13 FÉVRIER

Je viens de me lancer de nouveau dans la rime, il faut bien que j'aie du temps à perdre ; voici ma collaboration d'aujourd'hui au *Panurge :*

ON TE CRUT MORTE ET TU DORMAIS !

Les armées aguerries venaient d'être battues ;
Vers la captivité, toutes étaient rendues ;
Le Prussien orgueilleux avait cru espérer
Que, sans effort aucun, Paris allait tomber.
Il n'en fût pas ainsi ; la France tout entière,
De venger notre affront parut devenue fière.
Et de l'Est à l'Ouest, du Nord aux Pyrénées,
Chacun vint apporter son bras à ses armées.
Paris, sans hésiter, revêtit son armure,
A un siège cruel se soumit sans murmure :

Il voulut, à tout prix, sur la Seine arrêter
L'effort que l'ennemi avait osé tenter.
Mais tout manque à la fois : les armes, les canons ;
On se met aussitôt à fouiller les maisons,
Et ce qui peut servir à forger un fusil
Entre des mains habiles est placé sous l'outil.
Cet élan si subit, cet élan sans pareil,
Des Prussiens, un instant, obscurcit le soleil.
Le sang coule à longs flots, la lutte recommence,
La Patrie en danger veut combattre à outrance !
Que de nobles efforts tous les jours sont tentés
Pour soustraire au vainqueur nos fleuves, nos cités !
Cette ardeur, ces transports qui étonnent le monde,
Rendent de jour en jour la lutte plus féconde.
Notre armée de la Loire, au début de sa vie,
Vient montrer à l'Europe, à moitié engourdie,
Combien un peuple est fort, quand une idée l'enflamme,
Dans un élan sacré dont la Patrie est l'âme.
En vain à l'attaquer, l'ennemi implacable
Emploie pendant longtemps une armée formidable !
Tous ses vieux bataillons, à la guerre rompus,
Sont tenus en échec par des enfants venus
Du sein de leurs foyers, au cri de la Patrie,
Fiers de la protéger au dépens de leur vie !

. . . .
. . . .
. . . .

Mais le Destin qui plane au-dessus de la France
A rayé de son doigt le mot de : *Délivrance !*
Jeunes et vieux guerriers, un malheur sans égal
Vient, de notre Patrie, signer l'arrêt fatal !
Paris n'est plus debout ! Paris a succombé !
Avec lui, pour longtemps, l'espoir s'est envolé !

. . . .
. . . .

Français, ton beau pays n'est plus qu'un cimetière !
Tes champs sont ravagés, tu n'as plus de chaumière !
Le vol et l'incendie ont détruit, en partie,
Ce qui t'appartenait dans ta noble Patrie !
A ce tableau navrant daigne sécher tes larmes,
Mais tiens-toi toujours prêt au premier cri : « *Aux armes !* »

14 FÉVRIER

Le colonel qui commandait le fort de Boyen vient de

faire place à un nouveau titulaire ; je pense qu'on lui aura donné l'avancement que méritent ses exploits à notre égard.

Il nous a présenté son successeur de la meilleure grâce du monde, ce qui prouve qu'il est content de sa nouvelle situation ; il aura été nommé général, sans doute.

Messieurs, nous a-t-il dit : « J'ai l'honneur de vous présenter mon successeur » ; et ils se sont retirés, sans dire un mot de plus.

Le nouveau venu a voulu faire connaissance avec nos figures et nous montrer la sienne, qui n'a rien de bien sympathique ; il m'a fait l'effet d'un vieux polichinelle n'ayant pas le cœur tendre, car on doit les choisir exprès pour accomplir une pareille besogne.

J'ai reçu une lettre de mes parents, qui me laisse soucieux sur le sort d'un de mes frères faisant partie de l'armée de Bourbaki ; ils ignorent s'il a succombé avec tant d'autres, ou bien s'il est prisonnier en Suisse.

Cette incertitude est bien cruelle pour moi, et je n'ai pourtant pas besoin de ces émotions pour altérer ma santé qui va en s'affaiblissant de jour en jour.

15 FÉVRIER

Le froid a diminué, mais il est encore très vif, puisque nous avons encore 25 degrés au-dessous de zéro.

Le soleil a bien voulu pourtant nous gratifier de ses rayons bienfaisants, et nous en avons profité pendant notre promenade, tout en ayant soin, par un moyen quelconque, de mettre notre nez et nos oreilles à l'abri.

J'ai eu la bonne aubaine de lire quelques journaux français, passés en contrebande, bien entendu : les élections se font avec assez de calme, mais on ne con naît pas encore quelle sera la composition de la nouvelle Assemblée, qui doit se prononcer pour la paix ou la guerre.

J'ai lu, dans ces journaux, les excès de vandalisme auxquels les Prussiens s'étaient livrés, partout où ils avaient porté leurs pas, et j'en ai ressenti une vive indignation, sans en être étonné.

Est-il jamais possible à la France d'oublier une pareille conduite?

On a beau faire appel à tous les sentiments de fraternité qui devraient exister entre les peuples, il sera bien dur, pour ne pas dire impossible, de pardonner aux Prussiens les actes de froide barbarie qu'ils ont commis.

Une haine féroce va exister entre les deux peuples, jusqu'au jour où ils en viendront de nouveau aux mains ; la lutte sera terrible, épouvantable, car je pense que mon pays attendra d'être prêt, afin de pouvoir lutter à armes égales.

La France semblait engourdie depuis quelques années ; on se sentait, pour ainsi dire, à la veille de quelque grand coup, mais on ne s'attendait pas à une semblable catastrophe.

La leçon que nous recevons est bien dure, et notre orgueil national est froissé au suprême degré, mais je n'en dirai pas moins que nous méritions un avertissement.

Il est trop rude, il est vrai, puisque c'est un désastre qui nous tombe sur la tête, mais il serait réparable s'il forçait la France à sortir de sa léthargie et à faire revivre en elle ses nobles sentiments d'autrefois.

Qu'elle se souvienne du passé, de ce pouvoir personnel qui nous a conduits à l'abîme et qu'elle songe à son avenir !

Il doit encore circuler dans ses veines de ce vieux sang de 1789 !

16 FÉVRIER

La température est bien moins froide ; la neige qui, jusqu'à présent, était toujours gelée, est devenue plus molle, et nous en avons profité, pendant notre promenade, pour nous livrer bataille à coups de boules de neige, comme de vrais enfants.

Nous étions trois contre trois et avons commencé par nous bombarder à distance pendant quelques minutes ; la furie française, comme l'on dit, n'a pas tardé à prendre le dessus ; nous nous sommes rapprochés et, enfin, nous avons fini par charger. La mêlée a été terrible, mais non sanglante, car au lieu d'être baignés dans leur sang, les vaincus étaient simplement enseve-lis sous la neige. (Il y en avait bien assez pour cela sur le théâtre de l'action.)

Nous avons bien ri ; nos factionnaires se contentaient de juger les coups, tout en se tenant prudemment à l'écart.

Dans le groupe qui m'était opposé, se trouvait le commandant Bonaparte, qui aime beaucoup à s'amuser et qui m'a l'air d'un charmant homme.

Je ne sais pas trop pourquoi, mais ce qu'il y a de certain, c'est que je l'avais choisi comme but de toutes mes attaques, et je n'ai été content que lorsque je l'ai eu anéanti sous une avalanche de neige.

Il riait d'ailleurs de si bon cœur, qu'il ne songeait pas trop à se défendre, ce qui a rendu ma victoire facile ; je le répète, il me paraît charmant et ne ressem-ble en rien à son cousin, qui habite Willensée à l'heure présente.

Ah ! si je l'avais tenu, celui-là, c'est pour le coup que je m'y serais fait de bon cœur !

Enfin, une journée de plus de passée, sans trop d'ennui ; c'est autant de pris.

17 FÉVRIER

On nous a apporté huit thalers à titre de supplément de solde que fait la France aux lieutenants et sous-lieutenants, par suite de l'insuffisance de leur traitement de captivité qui est de douze thalers seulement par mois.

Quant à nous, nous en avons bien de reste, puisque la nourriture, qui nous est fournie par le fort, ne nous coûte *qu'un seul thaler par mois, 3 fr. 75 ;* ce n'est pas encore bien certain qu'elle le vaille.

J'ai appris que la nouvelle Chambre française était composée de deux tiers de conservateurs et un tiers de républicains.

Que peut vouloir dire ce mot « conservateurs », que je ne connais pas ?

Ce sont sans doute les royalistes que l'on appelle ainsi ; mais alors, ce sont des gens qui veulent conserver ou rattraper leurs anciens privilèges.

On dit que Thiers sera nommé président de la Chambre ; ce n'est un mystère pour personne qu'il appartient au parti orléaniste, et c'est ce qui me donne des inquiétudes.

On ne saurait nier les tendances de la France à devenir républicaine : voilà bien des essais infructueux qu'elle a faits, mais il faut remarquer néanmoins que les idées démocratiques s'accentuent de plus en plus au cœur du pays.

Le fameux spectre rouge, qu'on a agité de tant de

façons depuis 1848, n'effraie plus que les ignorants ou ceux qui feignent de l'être, et ce grand épouvantail, qui a pourtant enrayé le mouvement des masses vers la République, commence à être usé.

Il n'y a guère que quelques bourgeois enrichis, dont l'intelligence ne dépasse pas la limite de leurs intérêts, qui se sentent disposés à y croire encore.

Pour avoir raison de ces grigous, qui sont peut-être en plus grand nombre qu'on ne le suppose, il faut que tous les gens intelligents se donnent la main pour favoriser l'avénement d'une ère de progrès ayant à sa base : *l'ordre avec la liberté !*

Voilà bien des désirs que j'exprime, loin de ceux qui sont chargés de les transformer en réalité ; faisons taire ma plume.

18 FÉVRIER

Le froid glacial a fait place à une température tellement douce, qu'on serait tenté de croire à un commencement de dégel ; mais la couche de neige est tellement épaisse, qu'il faudrait le soleil des tropiques pendant quinze jours pour la faire disparaître.

On nous a annoncé qu'elle ne serait complètement fondue que dans la première quinzaine de mai ; j'espère bien ne plus me trouver ici pour en juger.

On vient de nous apprendre la reddition de Belfort ; c'est une perte cruelle de plus à ajouter à celles que nous avons déjà subies.

Je ne veux plus songer à tous ces désastres qui s'accumulent les uns sur les autres, car, lorsque j'y réfléchis trop longuement, j'en deviens malade.

France, tu es tombée bien bas !

19 FÉVRIER

Nous avons eu un déjeuner détestable ; il se composait de poires cuites, avec une sorte de pâte presque crue qu'il m'a été impossible d'avaler, mon estomac n'étant plus assez bon pour digérer un pareil mets.

J'écris pendant que mes compagnons de casemate sont à la promenade ; je ne me sens pas bien aujourd'hui, ma tête est lourde et mes jambes flageolent.

Je préfère rester dedans que d'aller patauger dans la neige, espérant que mon malaise passera.

Un journal belge donne le résultat des élections pour un grand nombre de départements ; je me perds dans toutes ces dénominations nouvelles de : « *Conservateurs, radicaux et ultra-radicaux* ».

Appelez-vous comme vous voudrez, pourvu que tous ensemble vous arriviez à faire de la bonne besogne.

La France a besoin de tranquillité pendant longtemps pour se recueillir et panser ses blessures ; si elle n'a pas cette tranquillité, qui lui est si nécessaire, elle peut être perdue à tout jamais.

Mon cœur saigne en songeant aux impositions exorbitantes que les Prussiens continuent à lever sur les villes et villages qu'ils occupent ; ils veulent la ruine complète de la France.

Qu'ils prennent garde au désespoir d'une nation !

Il y a des moments où la haine m'aveugle au point de désirer la continuation de la lutte ; la nouvelle Chambre va en décider, ce n'est pas une petite tâche à remplir.

Il paraît que Guillaume veut, bon gré mal gré, faire sa marche triomphale à travers Paris.

J'ai bien peur que la balle de quelque patriote ne vienne le surprendre au milieu de son triomphe !

Les Prussiens, maîtres des forts, détruiraient notre grande cité de fond en comble, et je crains, d'un jour à l'autre, d'apprendre un pareil malheur.

20 FÉVRIER

Malgré le redoublement de surveillance qui se fait sentir depuis quelques jours autour de nous, nous sommes parvenus à décrocher un numéro de l'*Indépendance Belge* du 16 courant.

Il paraît que Bismarck ne veut pas prolonger l'armistice au delà du 24, en raison des armements considérables qui se font dans le Midi de la France.

Je vois avec plaisir qu'on ne s'est pas endormi pendant la durée de cet armistice, et si ces armements ne servent pas à continuer la guerre, ils feront voir tout au moins aux Prussiens qu'il reste encore des forces nombreuses pour les tenir en échec ; nous obtiendrons, par cela même, de meilleures conditions de paix.

Il me tarde bien de connaître la réponse de la nouvelle Assemblée au sujet de la paix ou de la guerre....
. . . .

La neige et toujours la neige en perspective dans ce maudit pays où nous sommes prisonniers ; les yeux sont fatigués et comme éblouis de voir cette immense nappe blanche.

Où sont donc mes bords riants de l'Ariège ?

Je songe souvent, avant de m'endormir, à mes vieux parents, assis devant la cheminée, mon père les pincettes à la main pour attiser le feu : c'est sa grande préoccupation ; il a toujours quelque chose à arranger ou à déranger, mais cela l'occupe pendant les longues soirées d'hiver.

Je me rappelle le temps où nous étions quatre garçons autour du foyer, avec eux, écoutant avec émotion les récits que nous faisait notre père, de temps en temps, de ses campagnes de 1813 et 1814 ; les noms de Lutzen, Botzen et Leipzig me reviennent en mémoire, avec tous les détails qu'il nous donnait sur chacune de ces batailles, auxquelles il avait assisté.

Leurs réflexions doivent être bien tristes, à l'heure présente, en songeant que ces quatre enfants d'autrefois sont des soldats aujourd'hui.

L'un d'eux est prisonnier en Allemagne, ils le savent, mais les autres !

Ma pauvre mère doit pleurer nuit et jour.

Je compatis à vos chagrins, du fond du cœur, mes bien-aimés parents, mais je suis en butte, moi aussi, à de bien cruelles douleurs.

Tout n'est pas rose pour moi, vous le saurez un jour, et si vous aspirez après mon retour, croyez bien que je le désire aussi ardemment que vous.............. .

. . . .

Nous ne nous ressentons guère de l'armistice dans notre forteresse ; c'est toujours la même rigueur, et on ne relâchera sans doute la consigne que lorsque la paix sera définitivement signée.

J'espère bien que ce jour-là ils nous feront sortir de notre casemate pour nous donner nos coudées franches dans l'intérieur du fort, avec une nourriture plus convenable.

Je ne serais pas étonné pourtant de les voir se venger jusqu'au dernier moment, c'est-à-dire jusqu'au jour où ils seront obligés de nous mettre en chemin de fer pour rentrer en France ; qu'ils agissent comme ils l'entendront, je suis fixé irrévocablement sur leur compte.

21 FÉVRIER

Je fumais tranquillement ma pipe, en compagnie du capitaine de Monthyon et de Rousseau, lorsqu'un officier est entré et m'a donné l'ordre de changer de casemate.

Ma surprise a été grande, je l'avoue, et je me suis imaginé, tout d'abord, qu'on voulait m'enfermer tout seul pour me punir de mes réclamations.

J'étais donc loin d'être satisfait en faisant mes préparatifs de déménagement, et, après avoir serré la main à mes compagnons de casemate, j'ai suivi l'officier qui m'a tout simplement conduit dans une casemate voisine occupée par le capitaine Jourdet, des francs-tireurs de l'Aude, et le lieutenant Lanurien, du 69e de ligne.

J'ai été agréablement surpris qu'on ne m'isolât pas, et, comme je recherchais le motif de ce changement de domicile, mes nouveaux compagnons m'ont dit que l'officier d'artillerie dont je prenais la place avait demandé ce changement au commandant du fort, parce qu'il ne pouvait pas vivre en bonne intelligence avec ses camarades de casemate.

Il paraît que ces deux officiers sont d'une gaîté exubérante, et qu'ils passent leurs journées et une bonne partie des nuits à chanter ; j'avais besoin de pareils compagnons pour voir renaître en moi mon entrain d'autrefois.

Je me trouve d'ailleurs avec les deux principaux rédacteurs du *Panurge,* ce sont eux qui l'ont créé et qui contribuent puissamment à le faire vivre.

Le capitaine Jourdet a été malade toute la soirée d'une rétention d'urine.

Je me suis empressé de me transformer en docteur, en lui prescrivant le remède employé pour les chevaux, dans nos régiments de cavalerie, en pareil cas ; j'ai donc envoyé chercher du sel de nitre et le lui ai fait avaler.

Il souffrait à faire mal à voir et poussait des cris déchirants en se tordant sur sa paillasse, mais, une heure après avoir avalé *mon ordonnance*, il s'est trouvé complètement soulagé et, tout en me remerciant, il bénissait le hasard qui m'avait amené auprès de lui si à propos.

Me voilà donc maintenant le grand médecin du bureau de rédaction du *Panurge*, puisque mes collègues viennent me prier de vouloir bien, à l'avenir, traiter les questions d'hygiène dans le journal, avec toute la compétence, etc., etc., etc...

Ce n'est pas une raison, leur ai-je dit, parce que mon sel de nitre a fait de l'effet sur........ Assez, assez, m'ont-ils répondu, c'est trop de modestie de votre part, *vous avez déjà envoyé tant de vers* (?) pour notre journal, qu'il est impossible que vous ne soyez pas quelque peu médecin.......................................

Ils sont malins, mes nouveaux compagnons !

J'ai donc été médecin une fois dans ma vie, malgré moi, comme dans Molière, cela me suffit ; ne recommençons pas trop souvent, parce que je pourrais perdre de mon prestige.

Ah ! si j'avais à ma disposition la médecine Leroy, purgatif très violent bien connu en Afrique, je me chargerais volontiers de guérir beaucoup de maladies, et je commencerais par me l'administrer à moi-même, parce que j'en sens le besoin.

Puisque je suis médecin malgré moi, et chargé par mes nouveaux camarades des questions d'hygiène pour *le Panurge*, autant vaut-il que j'entre en fonctions dès maintenant et que je préconise mon remède.

Suivez donc bien mon raisonnement :

« Le corps humain peut être comparé à une lampe,
« j'admets que son mécanisme est plus compliqué,
« voilà tout.

« Lorsqu'une lampe, après avoir servi pendant long-
« temps, se trouve encrassée, que faites-vous ?

« Vous la nettoyez intérieurement du mieux que
« vous pouvez, et elle se remet à fonctionner comme par
« le passé.

« Eh bien ! lorsque votre corps s'est encrassé, lui
« aussi, grâce à toutes les matières plus ou moins pro-
« pres que vous le forcez à recevoir tous les jours,
« que devez-vous faire ?

« Vous devez le nettoyer, comme vous avez fait de la
« lampe.

« *Or,* pour nettoyer le corps, vous ne pouvez pas
« employer une baguette, pour si flexible qu'elle soit,
« avec un chiffon au bout ; elle n'arriverait jamais jus-
« qu'au bout, parce que nos boyaux, paraît-il, sont très
« entortillés : vous n'avez autre chose à votre disposi-
« tion qu'une bonne purge !

« Donc, il faut se purger le plus souvent possible ! »

. . . .

Je pense avoir traité cette question à fond, et j'en
ferai l'objet d'un article, demain, dans notre journal.

22 FÉVRIER

Décidément, mes nouveaux compagnons n'engen-
drent pas la mélancolie ; mon caractère gai d'autrefois
avait disparu depuis mon arrivée en Allemagne, et surtout depuis mon séjour à Boyen ; il vient de reprendre
le dessus, et j'en suis bien aise.

Malgré le peu d'opportunité de nos folies, nous nous

sommes livrés, toute la journée, à des chants effrénés.

Nous avons passé en revue toutes les chansons con-
nues, nous avons même abordé le grand opéra ; je ne
certifierai pas, par exemple, que nos chœurs aient
brillé par un accord parfait, mais, somme toute, nous
avons passé notre journée en cherchant à nous étourdir.

Si nous ne consultions que la douleur que nous cause
la situation de notre pays, nous ne serions guère portés
à chanter, mais c'est précisément pour faire taire les
idées noires qui nous obsèdent que nous nous sommes
livrés à cette gaîté factice : c'est le caractère gaulois qui
reprend le dessus.

23 FÉVRIER

Mes journées, malgré la gaîté de mes compagnons,
deviennent d'une longueur mortelle ; les heures me
paraissent des années.

Aujourd'hui, peut-être, les destinées de la France
s'agitent avec une égale fureur d'un côté et de l'autre,
car c'est demain que l'armistice doit cesser, et c'est
aujourd'hui, par conséquent, qu'on décidera si la lutte
doit recommencer.

Il me semble voir l'ambitieux Bismarck demandant nos
provinces et nos milliards, après avoir fait couler notre
sang ; mais je vois aussi nos nouveaux représentants
refuser de souscrire aux conditions humiliantes dictées
par ce ministre infernal.

Il me semble entendre un cri de guerre sortir de
toutes les poitrines, préférant la lutte, la mort, les mas-
sacres de toutes sortes, plutôt que d'abandonner ces
provinces de Lorraine et d'Alsace, si françaises par le
cœur !

Que sortira-t-il de tout cela ?

La Prusse voulant trop prendre et la France ne voulant rien céder.

Eh bien ! cédez pour le moment, en attendant celui des représailles.

Mes idées de vengeance, que j'ai tant de fois exprimées, reparaissent sans cesse avec plus de violence ; je ne serai vraiment content que le jour où l'on nous donnera le signal de recourir à la frontière !

Ce moment, je l'attendrai avec impatience et la rage dans le cœur ; il faudrait que je fusse bien vieux pour ne pas prendre part à cette lutte future, qui est inévitable.

24, 25, 26, 27 ET 28 FÉVRIER

Je n'ai plus le courage de prendre la plume ; les conditions de la paix m'ont rempli de tristesse........

Rien n'est changé dans notre situation, nous ne sommes pas plus libres qu'à notre arrivée ; les rigueurs dont nous étions l'objet sont toujours les mêmes.

Je sens que ma santé baisse considérablement et que mes forces vont me faire bientôt complètement défaut.

1er ET 2 MARS

Nous venons d'apprendre les véritables conditions qui sont imposées à la France :

« Cession de la Lorraine, y compris Metz ; de l'Alsace, à l'exception de Belfort, et cinq milliards d'indemnité ; l'occupation de certains points de notre territoire pendant trois ans, temps fixé pour liquider notre dette. » ....

....

On nous a dit que les prisonniers devaient être rendus de suite ; dans ce cas, nous n'en avons pas pour longtemps avant de revoir notre Patrie mutilée, démembrée.

Les uns disent qu'on nous rapatriera par mer, d'autres prétendent que c'est par voies ferrées ; que ce soit d'une façon ou de l'autre, je ne demande qu'à quitter ma maudite casemate le plus tôt possible.

L'ennui que j'éprouve est tellement grand, que je finirais par tomber sérieusement malade, si ma captivité venait à se prolonger.

3 MARS

La paix est signée avec les conditions écrasantes que j'ai énumérées hier, cela est certain ; pourquoi nous laisse-t-on encore dans nos casemates ?

4 MARS

Décidément on se moque de nous.

Pourquoi nous tenir encore sous les verrous, après la conclusion de la paix ?

De quel droit ?

J'écris, séance tenante, la lettre suivante au commandant de la forteresse :

« Monsieur le Commandant,

« La paix vient d'être signée entre la France et la « Prusse.

« Je ne me suis pas plaint d'être sous les verrous « pendant que mon pays se battait, mais ce droit, que « je ne discutais pas alors, vous ne l'avez plus aujour-« d'hui, et je réclame hautement ma liberté.

« Recevez, Monsieur, l'assurance de mes sentiments « patriotiques.

« F. BERGASSE. »

5, 6, 7, 8 ET 9 MARS

Je n'ai pas pu prendre la plume depuis quelques jours, tant j'étais énervé.

J'ai déjà dit qu'il y avait, à Boyen, un lieutenant-colonel français, ou passant pour tel du moins, qui m'avait servi d'interprète, dès les premiers jours, pour réclamer contre les mauvais traitements dont j'étais l'objet.

(Je ne veux dire ni son nom, ni le numéro du régiment auquel il disait appartenir ; je me borne à constater qu'il parlait parfaitement l'allemand.)

Depuis les premiers jours, j'avais des pressentiments contre cet homme, et il est bien rare que je me trompe, en pareil cas ; je les avais communiqués à mes compagnons de captivité qui me disaient que j'exagérais mes suppositions.

Nous sommes maintenant tous convaincus que mes pressentiments étaient fondés ; nous avons même tout lieu de croire que c'est ce lieutenant-colonel qui dirige tout dans la forteresse, du moins en ce qui concerne les prisonniers français.

Lorsque j'ai eu remis ma lettre du 4 de ce mois à l'officier prussien de service, j'ai vu arriver ce lieutenant-colonel dans ma casemate, cinq minutes après.

Il avait déjà pris connaissance de ma lettre et, avec le ton le plus onctueux du monde, il m'a dit que ma protestation était conçue dans des termes qui déplaisaient beaucoup à l'autorité prussienne ; il m'a engagé, si je voulais qu'on donnât suite à ma demande, de prendre une autre forme, celle de la prière.

Pour le coup, c'était trop fort, et je n'ai pas pu me contenir !

Je l'ai regardé bien en face et je lui ai dit :

« La prière !

« Vous voulez plaisanter, sans doute ?

« Je réclame mon droit, et je ne m'abaisserai jamais
« à prendre un ton suppliant pour cela, surtout vis-à-
« des Prussiens. »

« — Ils sont très vexés, me répond-il. »

« Pensez-vous donc que je veuille leur faire plaisir ?

« Ils m'ont traité, à mon arrivée ici, comme un cri-
« minel, ils m'ont privé d'air, de nourriture, de ce pain
« que l'on donne au dernier des scélérats, et vous me
« dites d'employer la prière pour obtenir mon droit,
« maintenant que la paix est signée. ?

« Non, jamais !

« Mon but, en leur écrivant, a été de leur faire con-
« naître qu'ils abusaient de la force, et je ne vois pas
« deux manières d'exprimer cette idée.

« Du reste, je suis convaincu d'avance qu'ils ne don-
« neront aucune suite à ma réclamation ; mais, puisque
« vous paraissez être leur porte-parole, vous pouvez
« leur dire qu'à ma sortie je suis décidé à réclamer
« devant l'opinion publique européenne.

« Ils agissent comme des lâches, ils n'ont jamais
« compris et ne comprendront jamais la grandeur du
« sentiment qui nous a fait agir.

« Ils veulent assouvir leur vengeance contre nous,
« parce que nous avons osé leur résister et que, par ce
« fait, nous leur avons créé des embarras. »

Le lieutenant-colonel m'a dit alors que j'allais m'attirer des rigueurs plus grandes et en attirer aussi à mes
camarades, mais cette insinuation perfide ne lui a pas
réussi.

« Tant pis pour moi et pour eux, lui ai-je répondu ;
« mais s'il en est ainsi, tout l'odieux des mesures qu'ils

« prendront retombera sur ceux qui seront assez déna-
« turés pour oser le faire.

« Quant à moi personnellement, car je n'entends pas
« qu'une de mes démarches puisse engager mes amis,
« on peut me mettre dans le cachot le plus infect, me
« faire pourrir au fond de je ne sais quel trou immonde,
« dites-leur bien que je les brave et que je les braverai
« jusqu'à mon dernier souffle.

« Vous pouvez aller leur porter mes paroles. »

Il insistait encore de son ton mielleux, je lui ai
tourné le dos, parce que je sentais que j'allais lui dire,
à lui-même, de dures vérités.......................

....

D'après l'article 6 du traité de paix, les prisonniers
doivent être rendus immédiatement. S'il en est ainsi,
pourquoi ne pas nous donner notre liberté, dans l'intérieur de la forteresse, tout au moins ; ils n'ont plus à
avoir peur de notre évasion, qui ne servirait plus à rien,
et il paraît même assez ridicule d'avoir à traiter une
pareille question.

Auraient-ils envie de nous transformer en prisonniers
d'État et à nous garder tant qu'ils voudront ?

Non sans doute, ils veulent simplement assouvir leur
vengeance jusqu'au bout et malgré l'absence complète de droits d'aucune sorte.

Aussi, ma haine contre eux s'est accrue à un tel point
que j'entre dans de vrais accès de rage de temps à autre.

Plus que jamais je te comprends, oh ! sainte vengeance.

....

....

Deux autres officiers ont fait une protestation ana-
logue à la mienne, aussitôt qu'ils ont eu connaissance
du traité de paix,

Le lieutenant-colonel français, toujours le même,

leur a répondu que leur demande *n'était pas assez
humble !*

C'est toujours la même chose, il faut que nous nous
jetions aux pieds du vainqueur.

Je me refuse à croire que cet homme puisse être un
officier supérieur français, j'en rougirais trop pour mon
pays : ce doit être quelque espion que les Prussiens ont
mis à nos trousses.

Ils attendent de nous des supplications pour sortir de
ce lieu infect, afin de pouvoir crier bien haut plus tard,
que les quelques officiers qui les avaient bravés, en retirant leur parole, ont été rendus dociles comme des
moutons.

Ce ne sera pas de moi, je vous le jure, que vous ob-
tiendrez jamais une pareille humiliation.

Achevez votre tâche, vous l'avez trop bien commencée
pour ne pas la terminer en la poussant jusqu'à ses
dernières limites.

Il faudra bien pourtant nous faire sortir un jour, et
ce jour-là, je me ferai entendre.

Abusez donc, tant que vous le pourrez, du droit du
plus fort dont vous êtes si fiers aujourd'hui, mais le
temps approche où vous serez obligés de lâcher votre
proie !

10 MARS

La journée a offert un intérêt des plus piquants.

On est venu nous lire un ordre du commandant de la
forteresse, qui nous prévient que toutes les lettres que
nous avions remises hier, avaient été mises au feu
parce qu'elles contenaient des insultes à l'adresse du
Gouvernement prussien.

A la lecture de cet ordre, un officier d'artillerie,

M. Dreyfus, a déchiré une lettre qu'il se proposait de remettre à l'officier de service, en ajoutant qu'une pareille manière de faire était indigne.

Il n'en a pas fallu davantage pour le faire mettre au cachot, séance tenante.

Voilà comment nous sommes traités le 10 mars, dans le fort de Boyen, après la signature de la paix !

Quelques minutes après, nous avons été conduits chez le commandant du fort, toujours par nos fusils à aiguille.

Il nous a dit qu'il venait de recevoir une dépêche du général de Falkenstein, l'autorisant à nous accorder notre liberté dans l'intérieur de la forteresse, *à condition que nous donnerions, par écrit, notre parole d'honneur de ne pas nous évader.*

Nous l'avons tous regardé avec un grand étonnement, car nous avions de la peine à comprendre une pareille proposition.

Il ne s'est pas déconcerté pour cela, et s'est mis à demander à chacun de nous séparément : « *Acceptez-vous la proposition ?* »

Les uns après les autres, nous avons répondu : Non !

N'est-ce pas se moquer de nous que d'oser faire de telles propositions à un moment où de nombreux prisonniers sont déjà rentrés en France ?

Ce que j'ai déjà dit était bien vrai, nous les avons profondément vexés dans leur orgueil en retirant notre parole, et ils seraient très heureux d'obtenir de nous, par de nouvelles rigueurs, une signature qui détruirait l'effet de notre première protestation.

Ils sont vraiment dépourvus du moindre bon sens pour pouvoir supposer un seul instant qu'avant notre départ, qui ne saurait être très éloigné, nous allons de nouveau donner notre parole; il faudrait avoir perdu la tête.

11 MARS

Nous avons appris que le commandant du fort était furieux de son insuccès d'hier, c'est-à-dire de notre refus de signer sur l'honneur, que nous ne chercherions pas à nous évader; il ne parle que de punitions exemplaires contre les officiers récalcitrants qui osent écrire en France tout ce qu'ils ont sur le cœur contre la Prusse.

Jusqu'à présent, je m'étais abstenu dans toutes mes lettres, à mes parents, de parler des sentiments de haine qui m'animaient, afin qu'elles ne fussent pas déchirées ou jetées au feu par l'autorité prussienne; je tenais essentiellement à leur donner de mes nouvelles pour les consoler du mieux que je pouvais.

En présence de tant de menaces, je me suis révolté, et pour qu'ils n'ignorent pas les sentiments que je professe à leur égard, j'ai écrit à mon frère aîné une lettre dans laquelle je lui raconte entièrement tout ce qui se passe.

Je connais d'avance le sort qui lui est réservé, peut-être même m'attirera-t-elle des rigueurs, mais j'ai écrit quand même tout ce que j'avais sur le cœur et je me sens soulagé.

12 MARS

Je n'ai pas entendu parler de ma lettre, mais j'ai remarqué qu'elle avait produit son effet par l'attitude de l'officier de service qui est venu ce soir: il n'a fait absolument qu'entrer et sortir, avec une raideur qui indique que la consigne qu'il a reçue n'est pas douce.

Après notre dîner, nous nous sommes payé la fantaisie de corrompre nos factionnaires, à l'aide d'un simple verre d'eau-de-vie ; vous voyez que ce n'est pas difficile.

Nous nous étions rassemblés dans une seule casemate, mais, il est vrai de dire, que cela a peu duré, car, à peine étions-nous en train de nous communiquer nos impressions réciproques, qu'un sous-officier est venu nous faire rentrer dans nos casemates respectives.

Nous ne pouvons donc pas nous réunir sous la garde de nos factionnaires, cela paraît incroyable et n'est pourtant que la triste réalité.

On parle beaucoup de la grande discipline allemande ; je m'aperçois qu'elle est beaucoup plus apparente que réelle, car avec quelques pièces de monnaie ou un verre d'eau-de-vie, on fait tout ce que l'on veut de leurs soldats.

J'ai eu lieu de constater également que leur délicatesse n'est pas poussée à l'excès ; ils ont profité de notre absence de la casemate, pendant la promenade, pour nous voler une bouteille d'eau-de-vie que nous étions parvenus à nous procurer à grand renfort de finances.

Je vais faire ma réclamation auprès du commandant pour lui dire bien explicitement que ses soldats sont des voleurs ; il sera médiocrement content de ce que je vais lui écrire, tant mieux, c'est bien là le but que je me propose.

On nous surveille maintenant plus que jamais afin que nous n'ayons pas de nouvelles de ce qui se passe, et pourtant nous sommes à peu près certains que les prisonniers français continuent à rentrer en France.

Pourquoi donc agissent-ils ainsi ?

Songent-ils à faire de nous des patriotes allemands ?

Pour si bornés qu'ils soient, on ne saurait vraiment leur prêter une pareille idée.

Mais alors, pourquoi redoubler de surveillance à notre égard, et pourquoi ne pas nous ouvrir toutes grandes, les portes de nos casemates ?

Il faut toujours revenir à la même idée qui est la bonne, c'est qu'ils veulent se venger de notre manière d'agir ; cela ne m'étonne pas, ils ne sont pas susceptibles, je l'ai déjà dit cent fois, de comprendre un sentiment élevé.

Tant mieux, nous les connaîtrons au moins sous ce rapport.

14 MARS

Toujours enfermés avec la même rigueur, pas le moindre adoucissement ; bien au contraire, la consigne au lieu de se relâcher ne fait que s'accentuer davantage.

Nous nous demandons sérieusement si la paix a été réellement conclue entre les deux peuples, nous avons bien le droit d'en douter.

Il faut que votre âme soit bien vile pour vous venger ainsi !

A notre sortie, (le moment finira par venir) nous sommes décidés à ne pas nous taire.

Je suis résolu, pour mon compte, à passer par Bruxelles à mon retour d'Allemagne, afin de signaler par l'organe de l'*Indépendance Belge*, les abus sans nom dont j'ai été victime.

Il est du devoir de chacun de nous d'en faire autant.

On vient nous annoncer que nous ne partirons pas avant trois semaines ; il faut se résoudre à attendre et prendre son mal en patience.

15 MARS

Notre situation empire de jour en jour au lieu de s'améliorer, c'est indigne !

Inutile de répéter qu'ils ne comprendront jamais l'acte de patriotisme qui nous a fait retirer notre parole.

Je ne veux pourtant pas leur laisser ignorer combien leur conduite est infâme et dépasse leurs droits ; j'écris aujourd'hui au Ministre de la guerre français, la lettre suivante qu'ils s'empresseront à coup sur de déchirer :

« Monsieur le Ministre,

« La détention arbitraire dont je suis l'objet à Boyen,
« forteresse située au nord de la Pologne russe, me
« force à prendre la plume pour protester auprès de
« vous, après l'avoir fait en vain auprès du Gouverne-
« ment prussien.

« Je suis enfermé dans ma casemate de ce fort depuis
« que j'ai retiré ma parole d'honneur, au commence-
« ment de janvier.

« Si je ne me suis pas plaint d'être tenu sous les
« verrous pendant que mon pays se battait, il ne saurait
« en être de même aujourd'hui.

« Je sais que la paix est faite et qu'on a déjà com-
« mencé à renvoyer dans ma Patrie, un grand nombre
« de prisonniers français.

« Je ne peux donc pas m'expliquer, en vertu de quel
« droit je suis encore privé d'air et d'une nourriture
« convenable, avec des sentinelles armées à ma
« porte.

« Je viens donc vous prier, Monsieur le Ministre, de
« vouloir bien faire cesser un abus aussi inique, et je
« ne crois pas inutile d'ajouter qu'une dizaine d'offi-

« ciers, enfermés pour les mêmes motifs que moi,
« partagent mon sort.

J'ai l'honneur etc., etc........................

16 MARS

Le prince Bonaparte, mon voisin de casemate, vient
d'être autorisé à partir pour l'Italie où se trouve sa
famille ; je crois que c'est un descendant de Lucien
Bonaparte qui n'était pas trop bien avec son cousin,
régnant en France.

Ce qui le prouve, c'est le simple grade de chef de
bataillon qu'il avait dans l'armée, et encore est-il possible, et même probable, qu'il ne l'ait obtenu qu'au moment
de la guerre ; ce serait de sa part une preuve de patriotisme.

Il nous a tous prévenus qu'il se chargeait de mettre à
la poste de Vienne (Autriche) toutes les lettres que
nous voudrions bien lui remettre.

Je me suis empressé d'écrire la lettre suivante, que
j'adresse à l'*Indépendance Belge*, afin de faire connaître l'abus de pouvoir dont nous sommes l'objet :

« Monsieur le Directeur,

« Connaissant le système d'impartialité que vous
« avez pris pour règle de conduite au début de la
« guerre, j'ose espérer que vous voudrez bien donner
« asile dans les colonnes de votre estimable journal,
« au cri plaintif d'une âme française qui veut faire
« connaître à l'Europe entière, jusqu'où peut aller
« l'arbitraire du plus fort.

« Mon âme déborde de fiel et de haine contre un peu-
« ple qui, au mépris des lois les plus sacrées de la
« guerre, de la justice et de l'humanité, me force à

« prendre la plume pour soumettre au jugement de
« l'opinion publique les traitements barbares auxquels
« j'ai été soumis.

« Je faisais partie de l'armée de Metz et je me trouvais
« prisonnier de guerre à Altona, sur ma parole d'hon-
« neur de ne pas m'évader, lorsque, le 8 janvier, j'écrivis
« au général prussien commandant la place, pour lui
« faire connaître que : « *la liberté dont je jouissais*
« *me pesait trop, pendant que mon pays versait le*
« *plus pur de son sang pour la défense de ses foyers.*

« Je lui demandais : *de prendre les mesures qu'il*
« *jugerait convenables pour empêcher mon évasion,*
« *ne voulant pas abuser d'une parole donnée.* »

« A la suite de cette lettre, j'ai été mis en prison à
« Altona, en attendant les ordres qui devaient venir de
« Berlin.

« Trois jours après, j'étais dirigé, sous bonne escorte,
« sur la forteresse de Boyen, située au nord de la Polo-
« gne russe.

« Je ne veux pas m'étendre pour le moment, je le
« réserve pour plus tard, sur la manière peu digne d'un
« peuple civilisé, dont j'ai été traité pendant ce voyage
« de trois jours.

« Je passerai également sous silence les invectives
« que j'ai dû endurer de la part d'une population exas-
« pérée contre les Français et jusqu'aux pierres que l'on
« me jetait en descendant de wagon !

« Ce qui m'a le plus indigné contre le Gouvernement
« prussien, c'est la façon dont j'ai été traité à mon
« arrivée à Boyen.

« Comme lit, une paillasse par terre, dans une case-
« mate, et une seule couverture malgré les 30 degrès de
« froid où est descendu le thermomètre ; on m'a refusé
« un matelas et le traversin était en paille.

« Comme nourriture, une ignoble bouillie, une seule
« fois par jour, servie dans une écuelle plus ignoble
« encore.

« Privé de pain, et lorsque j'ai demandé à en acheter,
« le geôlier m'a répondu qu'il était défendu expressé-
« ment de m'en donner.

« On accorde d'habitude aux plus grands criminels
« une heure de promenade au moins par jour, cette
« faveur m'a été refusée en arrivant, et ce n'est qu'à
« force de réclamations que j'ai fini par obtenir un
« quart d'heure d'abord, puis une demi-heure et enfin
« une heure ; après un mois de résidence, la brutalité
« des factionnaires dont je vous fais grâce encore, m'a
« même empêché souvent d'en profiter.

« Qu'avais-je donc fait pour m'attirer de pareilles
« rigueurs ?

« J'avais loyalement retiré ma parole, je m'étais fait
« enfermer, ne voulant pas avoir mes aises en Allema-
« gne pendant que mes frères se battaient en France !

« Le sentiment qui m'a guidé, avait-il donc quelque
« chose de deshonorant ?

« Ce n'était que le cri de mon impuissance, qui aurait
« dû être respecté de nos ennemis.

« Eh bien ! ils l'ont flétri, non-seulement par leurs
« actes en m'infligeant une mesure disciplinaire que je
« ne méritais pas, mais encore dans leurs écrits.

« Oui, un ordre du général de Falkeustein a osé
« flétrir une conduite aussi respectable et en des termes
« qui inspirent le dégoût.

« La paix est faite et pourtant mon sort ne s'est pas
« amélioré ; je suis toujours sous les verrous, aujour-
« d'hui 16 mars, avec un factionnaire à la porte de ma
« casemate.

« J'ai protesté en vain, auprès du commandant de la

« forteresse pour respirer l'air en liberté, même dans
« l'intérieur du fort, en attendant que je puisse rentrer
« en France.

« Ce droit du plus fort, ils veulent en abuser jusqu'au
« bout.

« Il est de mon devoir de protester devant toute
« l'Europe en la prenant à témoin.

« Qu'elle juge !

« Veuillez agréer, Monsieur le Directeur, etc., etc.

F. BERGASSE

En casemate au fort de Boyen.

18 MARS

Il n'est pas de petites vexations auxquelles nous ne
soyons soumis tous les jours, les mesures les plus
arbitraires nous empêchent de nous nourrir d'une façon
convenable ; nous avons beau réclamer auprès de l'autorité, nous sommes toujours obligés de nous incliner
devant son mauvais vouloir.

On ne parle pas le moins du monde de notre départ, nous
serons certainement les derniers à rentrer en France.

Notre promenade, au lieu d'être plus longue, devient
plus courte de jour en jour, et, si cela continue, nous en
serons complètement privés.

Vous avouerez que ce sont là de bien mesquines
vexations qui sont faites pour nous inspirer le dégoût ;
en attendant, il faut, sinon courber la tête, du moins
subir toutes leurs exigences.

19, 20 ET 21 MARS

Les vexations vont toujours leur train et deviennent
même de plus en plus fortes ; nous sommes loin de nous

douter que la paix est faite, signée et resignée depuis longtemps ; nous sommes plutôt portés à croire à un redoublement d'hostilités.

Nous avons appris de bien mauvaises nouvelles de Paris ; il paraît qu'une insurrection formidable a éclaté et que les généraux Clément Thomas et Comte ont été massacrés par le peuple.

Dois-je croire à de pareilles nouvelles provenant des journaux prussiens ?

La guerre civile en France ! ce serait le comble de nos malheurs.

Nous avons assez à faire de soigner nos plaies et n'avons pas besoin d'en faire de nouvelles.

Il faut, dès aujourd'hui, la tranquillité la plus complète à l'intérieur et en profiter pour faire des réformes sages, salutaires pour le pays et en même temps vigoureuses ; la France est gangrenée, il faut trancher dans le vif si on veut la guérir.

Les conditions écrasantes sous lesquelles le pays est obligé de courber la tête, doivent le faire songer au jour de la revanche ; mais il lui faut pour cela, je le répète, l'union la plus grande de tous les partis pour une action commune, c'est la condition indispensable pour arriver à cette fin que tout cœur vraiment français doit désirer ardemment.

S'il y a des fauteurs de désordres à Paris, qu'on les châtie comme ils le méritent, car ils font le plus grand mal possible à la République.

Je crains que ces débordements de quelques pillards ne servent encore d'épouvantail pendant longtemps pour empêcher l'avénement d'un Gouvernement démocratique sage, en même temps qu'énergique et vigilant ; c'est le seul qui puisse relever la France de ses désastres et la rendre puissante.

Les Prussiens doivent bien rire de nos dissensions intérieures ; cette seule idée devrait être plus que suffisante pour faire rentrer dans le devoir les esprits égarés.

On ne nous parle jamais de départ, il me tarde pourtant beaucoup de quitter ce séjour qui m'a entendu lancer tant de malédictions.

Je crains toujours qu'il n'arrive un incident quelconque, une complication maladroite, mise habilement à profit par nos ignobles gardiens, pour prolonger notre captivité.

J'avoue que je ne commencerai à respirer complètement à mon aise que le jour où je serais sorti de leurs griffes.

Si jamais il m'est permis de prendre part à la revanche, je jure bien de ne pas tomber vivant entre leurs mains !

Gare à la prochaine rencontre !

La haine qui s'amoncelle dans nos cœurs fera une explosion terrible lorsque le moment sera venu.

Cette malheureuse guerre, qui nous a conduits où nous sommes, a été si mal dirigée que j'espère bien voir demander des comptes à quelques-uns de nos maréchaux et généraux.

D'après moi, tous nos officiers généraux qui ont commandé des corps d'armées, devraient être traduits devant un conseil de guerre, pour rendre compte de leur conduite devant l'ennemi. Ceux qui seraient reconnus comme ayant fait leur devoir seraient non-seulement acquittés mais encore félicités et récompensés ; quant aux autres, *impitoyablement fusillés !*

On agira mal si on ne fait pas ainsi.

Je ne crains pas d'ajouter que les trois quarts de nos généraux ont méconnu leurs devoirs les plus sacrés ;

on ne les voyait jamais courir au canon, comme l'on dit : c'était à qui abandonnerait son voisin, le laissant écraser par des forces supérieures, comme s'il y avait eu de la jalousie entr'eux.

On ne saurait admettre d'autre raison que la jalousie pour expliquer leur inaction dans bien des circonstances, ou bien il faut croire alors qu'ils manquaient et de valeur militaire et de patriotisme.

Ils ne songeaient d'ailleurs qu'à avoir leur aise, avec des bagages considérables qui alourdissaient la marche, des popotes abondamment pourvues par leurs officiers d'état-major qui n'étaient guère bons qu'à cette besogne, et chez lesquels on faisait pleuvoir les décorations pour les récompenser de leurs aptitudes culinaires.

Quant à songer à leurs troupes, aux grands moyens de défense ou d'attaque, il n'en était pas question, à moins que ce ne fût au dessert, entre un verre de Bordeaux et un de Champagne.

Non, en général, nous n'avions pas de bons généraux et les Prussiens ont eu grandement raison, dans leurs caricatures, *de montrer nos soldats avec des têtes de lion et nos généraux avec des têtes d'âne !*

Leur nature épaisse a vu clair, il a fallu que ce soit bien évident.

Pour corroborer ce que je viens de dire au sujet de quelques-uns de nos généraux, car je me garderai bien de généraliser, je vais citer un fait qui prouvera que je n'avance rien à la légère ; je raconterai tout simplement la manière dont un général de division, dont je veux taire le nom, songeait à occuper ses loisirs, trois jours après la bataille de Gravelotte.

Je venais d'être nommé officier de partisans de cavalerie de la brigade Lapasset, et je me trouvais le 19 août, chez un libraire de Metz pour acheter une carte des environs de la ville où je devais faire mes opérations.

Pendant que j'examinais les cartes qui avaient été mises sous mes yeux, le général de division en question entre dans la librairie ; j'ai pensé que lui aussi, venait chercher des cartes.

C'était le connaître bien peu.

Savez-vous bien ce qu'il venait demander ?

Je vous le donne en mille.

Des Romans nouveaux !

J'ai failli me récrier, tout simple sous-lieutenant que j'étais, en entendant faire une pareille demande par un général ; mais je n'avais pas besoin de m'en mêler, car justice a été faite de main de maître, et j'en ai éprouvé une bien douce satisfaction.

Le libraire avait éprouvé la même émotion pénible que moi, il se tourna vers le général et de son air le plus hautain, où on sentait l'indignation, il lui dit :
« *Monsieur, je n'en ai pas !*

Le général avait compris, il tourna sur ses talons et disparût.

Je me précipitai vers ce bon patriote, je lui serrai les mains ; nous avions compris, nous aussi !

. . . .

Parlons donc un peu, puisque nous y sommes, de nos officiers d'état-major ; j'ai à leur sujet une anecdote assez plaisante à raconter, ce serait vraiment dommage de ne pas lui donner la publicité qu'elle mérite :

C'était le 6 août, jour de la bataille de Forbach, nous entendions, des hauteurs de Sarreguemines, où nous étions campés, le bruit de la canonnade dans le lointain.

Un capitaine d'état-major, moustache blonde, lorgnon à l'œil, arrive à cheval au milieu de notre campement ; il appelle à lui un des hommes de mon peleton et lui demande *le nom de la rivière que l'on voyait en avant de Sarreguemines.* (*Textuel.*)

C'était bel et bien un officier de notre état-major, un capitaine par-dessus le marché, qui ignorait que c'était la Sarre.

Il s'était adressé, fort heureusement, à un loustic, ancien chasseur d'Afrique, nommé Chayot, vous voyez que je précise ; celui-ci lui répondit d'un ton goguenard : « *Ça, mon capitaine, mais c'est la Sarre ; vous savez, la Sarre qui nous sépare de la Bavière.* »

Nous étions là, tout à côté, quelques officiers qui, après avoir entendu la demande et la réponse, ne pouvions nous empêcher de rire.

Le fameux capitaine d'état-major s'en aperçût et s'empressa de faire demi-tour et de s'esquiver au galop, toujours le lorgnon à l'œil ; il avait fait sa reconnaissance, il pouvait en être fier.

Il est probable qu'il doit en avoir rendu compte à son général, qui lui aura adressé les félicitations les plus vives, et qu'il lui en tiendra compte pour la décoration, à la prochaine fournée.

N'avait-il pas découvert la Sarre, au pied de Sarreguemines ?

Si ce n'était pas aussi triste, j'en rirais encore.

22 MARS

Nous avons été réveillés en sursaut dès la pointe du jour par les canons du fort qui faisaient un vacarme épouvantable.

Nous étions loin de nous douter du motif qui leur faisait ainsi jeter la poudre au vent, et nous avons fini par l'apprendre.

On célèbre aujourd'hui, dans toute l'Allemagne,

l'anniversaire de la naissance de Guillaume ; on n'a pas manqué d'arborer les drapeaux, avec ce maudit aigle à deux têtes qui me crève le cœur.

A notre rentrée de promenade, l'officier de service nous a appris que le retour des prisonniers en France était suspendu par son Gouvernement, à cause des troubles de Paris.

J'ignore jusqu'à quel point ils ont le droit d'agir ainsi, c'est-à-dire contrairement à l'article du traité de paix qui leur prescrit de rendre immédiatement tous leurs prisonniers ; on voit clairement qu'ils ne font que ce qu'ils veulent et, en vertu de ce principe, nous sommes encore ici pour longtemps......................

....

Les dragons préposés à notre garde depuis notre arrivée à Boyen viennent de partir aujourd'hui et sont remplacés par des fantassins ; nous n'avons pas lieu de les regretter, ces maudits dragons, et nous espérons que les nouveaux venus seront plus commodes que leurs prédécesseurs, auxquels je désire « *des coliques en permanence* ».

Le temps me semble bien long, et chaque nouvelle journée vient me porter de nouveaux ennuis ; si les choses vont de ce train, je passerai tout le printemps à Boyen, et qui sait encore ce que l'avenir me réserve !

La lettre que j'ai remise au prince Bonaparte, pour l'*Indépendance Belge*, doit être arrivée à destination et ne tardera pas à paraître dans ce journal.

Que pourront-ils me faire, ces odieux Prussiens, pour avoir osé dénoncer leurs lâches agissements, pendant que je suis encore entre leurs mains ?

Je dois m'attendre à tout, de la part de pareils scélérats, et je ne serais pas étonné de me voir enfermer plus

étroitement encore que je ne le suis, dans quelque trou
où ils pourront se venger à leur aise.

J'ai calculé froidement toutes les conséquences de ma
démarche, avant de la faire ; ils me trouveront prêt à endurer toutes leurs vexations, je n'ai dit que la stricte vérité.

Ils peuvent même me faire souffrir tant qu'ils voudront, je les défie d'arracher de mon cœur la haine qui
s'y est amoncelée.

23, 24 ET 25 MARS

Nous avons eu aujourd'hui un compagnon de plus,
c'est M. Villar, lieutenant d'infanterie ; c'était un de
ceux qui étaient internés dans l'intérieur de la forteresse, avec défense d'aller au village voisin.

Il paraît que trois de ces Messieurs ont enfreint la
consigne et sont allés se promener à Lötzen, où ils ont
été rencontrés par des officiers prussiens qui en ont
rendu compte au commandant du fort ; celui-ci s'est
empressé de les faire enfermer, et c'est l'un d'eux qui
est venu faire le quatrième dans notre casemate.

Mon ennui augmente de jour en jour, surtout depuis
que j'ai appris que la reddition des prisonniers était
suspendue, à cause des troubles de Paris.

La force morale m'a abandonné et ma santé décline à
vue d'œil ; mon estomac est complètement délabré, je
sens que je vais tomber sérieusement malade si mon
séjour à Boyen se prolonge trop longtemps.

La nourriture qu'on me donne me tue petit à petit, j'en
suis arrivé au point de ne plus pouvoir goûter à rien.

26, 27 ET 28 MARS

Je n'ai pas pu profiter jusqu'au bout de mon heure
de promenade, en voici la raison :

Il vient d'arriver à Lötzen un bataillon de la land-wehr rentrant de France.

Les habitants avaient tressé des couronnes pour tous ces soldats, de sorte que mes yeux étaient tellement choqués de les voir, coiffés de leurs couronnes, se promener autour de nous et nous coudoyer en passant, que j'ai préféré rentrer dans ma casemate plutôt que d'assister à un pareil spectacle. . . . .

. . . .

Toujours même silence sur notre départ et par conséquent toujours même ennui et même impatience.

Quand donc cela finira-t-il ?

Il me tarde d'autant plus de partir que mon estomac refuse absolument toute nourriture ; si je le force à prendre quelque chose, il le rejette bientôt après.

Je vais bien mal, car depuis quarante-huit heures, je n'ai bu que de l'eau à la cruche commune.

Reverrai-je, jamais, mon pays ?

29, 30 ET 31 MARS

Décidément, j'ai perdu complètement la santé ; je viens de me lever pour la première fois depuis trois jours.

Je serais bien en peine de dire exactement ce que j'ai, puisque je souffre de partout ; mais ce qu'il y a de certain, c'est que mes jambes ne peuvent plus me soutenir ; je n'ai pas mangé depuis cinq jours la moindre des choses, mon estomac s'y refuse, je suis d'une faiblesse extrême.

Les reins me font un mal affreux ainsi que le bas-ventre ; mes camarades ne cessent pas de faire demander un médecin qui ne vient pas : *à quoi bon se déranger pour un officier français !*... . . . .

. . . .

Il part aujourd'hui, deux des officiers internés comme moi, le capitaine de Monthyon et le lieutenant Uhmann, qui avaient demandé la faveur de partir à leurs frais.

Je ne me sens pas le courage de faire une pareille démarche, parce qu'il me répugne de demander quoi que ce soit à l'autorité prussienne : j'ai peut-être tort dans la situation où je me trouve, mais ma conscience s'y oppose, et je l'écoute toujours.

1er AVRIL

Malgré mon état de faiblesse, j'ai voulu essayer d'aller respirer l'air pur du dehors, espérant que cela me fortifierait ; mais mes forces m'ont trahi, et j'ai été obligé de regagner ma casemate, au bout de quelques minutes, soutenu par un des camarades.

Mes jambes n'en veulent plus, je n'ai plus la force de me traîner.

Je finirai par succomber, moi si fort autrefois.

Je ne voudrais pourtant pas mourir ici, il y fait trop froid !

Chassons ces idées lugubres, qui viennent m'assaillir dans mes moments de souffrance et d'ennui, pour ne songer qu'à l'heure du retour qui sonnera bientôt.

J'ai envoyé deux lettres en France par l'intermédiaire d'un officier parti à ses frais, je suis certain qu'elles arriveront à destination ; l'une d'elles est pour mes vieux parents, *auxquels je dis que je me porte bien !*

Pouvais-je faire autrement ?

Leur faire connaître mon triste état, c'était les tuer de douleur.

Ma seconde lettre est pour mon frère aîné, auquel je n'ai rien caché, absolument rien, malgré le désespoir dans lequel je sais que je vais le plonger.

Voici le motif qui m'a déterminé à agir ainsi :

Jusqu'au dernier moment, je me méfie de mes geôliers, ils sont capables de tout ; je veux donc qu'il existe quelqu'un en France, dans le cas où je ne rentrerais jamais, qui sache ce qui s'est passé et puisse en informer notre ministre de la guerre.

Sans ces considérations, je n'aurais fait connaître à mon frère, pas plus qu'à mes parents, le triste sort qui m'est fait et celui, plus triste encore peut-être, qui m'est réservé.

2, 3 ET 4 AVRIL

Il me semble que je vais un peu mieux, grâce à plusieurs purges que je viens de prendre ; c'est tout simplement du charbon pilé qu'un de mes factionnaires, prenant en pitié ma situation, a eu l'obligeance de me faire passer ; voilà mon grand médecin.

Je crois que ce qui contribue au mieux que je semble éprouver, c'est la nouvelle que nous allons être rapatriés par mer et que nous embarquerons à Stettin.

Quoique n'aimant pas trop à voyager par mer, parce que j'y suis toujours malade, je n'en éprouve pas moins une immense joie, d'autant plus que de cette façon, nous n'aurons pas à traverser l'Allemagne, où nous serions l'objet des sarcasmes de la population.

Quitter Boyen, n'importe de quelle façon, voilà tout ce que je demande.

5, 6 ET 7 AVRIL

Le ministre de la guerre prussien nous fait savoir qu'il accordera l'autorisation de partir, aux officiers qui en feront la demande par écrit, à la condition expresse que le voyage se fera à leurs frais.

Voilà déjà plusieurs officiers que je vois partir à ces conditions ; quant à ceux qui ne demandent pas, il n'est pas question de leur départ ; on nous donne même à entendre que le rapatriement ne sera pas terminé pour le mois de mai.

Ce n'est pourtant pas bien malin de faire partir cinq ou six officiers qui restent encore à Boyen.

Je crois deviner leur jeu : ils veulent nous soutirer notre argent de la poche tant qu'ils pourront, c'est un truc de juif et voilà tout.

Si ma santé n'était pas si mauvaise, j'attendrais patiemment qu'ils veuillent bien me réintégrer à leurs frais, mais je sens que si j'attends plus longtemps, je n'y résisterai pas.

J'écris donc au général que je demande à rentrer à mes frais.

8, 9, 10, 11, 12, 13 ET 14 AVRIL

Ma maladie ne fait qu'empirer et pour surcroît de malheur j'ai un mal d'oreilles qui me rend sourd.

J'ignore la cause de ce nouveau mal, à moins que ce ne soit le froid très vif que nous éprouvons, car il gèle comme en plein hiver.

Lorsque je me portais bien, je me levais souvent la nuit pour me réchauffer *en battant la semelle* contre les murs de la casemate, mais, en ce moment, mes jambes ne peuvent plus me rendre ce service.

J'ai passé un triste jour de Pâques, d'abord parce que je suis malade et ensuite parce que je me trouve éloigné de mon pays.

Ma pensée se reporte, malgré moi, au milieu des miens qu'il me tarde tant de retrouver.

La demande que j'ai faite de partir à mes frais, n'a

pas encore reçu de solution, je n'en entends pas souffler mot ; cela m'inquiète d'autant plus qu'on vient de nous apprendre que notre rentrée en France était suspendue une seconde fois.

Ce sont toujours les troubles de Paris qu'on nous donne pour cause ; je crains bien qu'on ne soit obligé de faire de grands sacrifices pour rentrer dans la capitale qui se trouve au pouvoir de l'insurrection.

La guerre civile !

La guerre des rues entre les citoyens d'un même pays !

Il ne pouvait pas arriver de plus grands malheurs à la suite de nos désastres militaires.

Pauvre pays, que vas-tu devenir ?

Quelle que soit la tristesse de ta situation, il me tarde bien pourtant d'aller grossir le nombre de tes enfants.

15, 16 ET 17 AVRIL

C'est pour la seconde fois que je suis obligé de passer trois jours entiers sur ma paillasse, sans pouvoir me lever ; je suis d'une faiblesse excessive et voici ce qui m'est arrivé :

Dans les quelques lignes que j'avais écrites le 14 au soir, je disais que j'étais très malade, mais j'étais loin de m'attendre à passer une nuit aussi mauvaise.

La fièvre m'a pris vers minuit avec une telle violence que je me suis crû perdu ; je n'ai eu que le temps d'appeler mon brave camarade de casemate Lanurien, de lui remettre mes mémoires de campagne et de captivité, en le priant de les faire parvenir à ma famille dès sa rentrée en France ; puis le délire s'est emparé de moi, et ce n'est que le lendemain à trois heures du soir que j'ai repris connaissance.

Mon camarade avait fait appeler un docteur avec un acharnement dont je lui sais gré, mais vous savez déjà que ces messieurs ne se dérangent pas pour si peu au fort de Boyen : Il en est pourtant arrivé un qui a ordonné *de me faire suer !*

Il a ordonné une potion qui ne m'est arrivée qu'à sept heures du soir : Je l'ai prise.

Ma seconde nuit a été un peu meilleure que la première, mais fort mauvaise encore, car j'ai eu une fièvre d'enfer.

Le docteur n'ayant pas daigné revenir pour me voir, j'ai recommencé à me purger avec du charbon pilé.

Ce qui me chagrine beaucoup, c'est que je suis devenu sourd comme une bécasse, et que j'ignore si cette surdité restera, ou bien si elle disparaîtra avec la maladie.

Ma fièvre est encore très forte au moment où j'écris, assis sur mon lit, car je ne veux rien laisser passer des impressions que j'éprouve.

Je crois qu'on aurait beau me donner des remèdes, je sens qu'il n'y en a qu'un qui puisse me guérir : l'ordre de mon départ, c'est-à-dire ma liberté !

A propos de départ, je viens de perdre il y a quelques heures à peine, mon bon camarade Lanurien, qui avait demandé à partir à ses frais : il a mis généreusement de l'argent à ma disposition, dans le cas où ma santé me forcerait à interrompre mon voyage à travers l'Allemagne.

C'est un bien brave cœur de Breton, et j'ai pleuré en l'embrassant ; je ne le reverrai sans doute plus.

Moi aussi j'aurais besoin, et même bien plus besoin que lui, de respirer un air plus chaud et d'avoir les soins que réclame mon triste état ; la casemate où je me trouve est si froide, que lorsque je sors mon bras du lit, il me semble qu'il va se geler.

(*)

Ils ont bien choisi leur pays pour se venger de
nous !

J'ai reçu ce matin, une lettre de mon frère aîné, en
réponse à celle que je lui avais écrite par l'intermédiaire d'un officier qui partait de Boyen à ses frais ; je
savais bien que je lui causerais de cruels chagrins, mais
c'est égal, je suis content, on sait en France ce qui se
passe ici, et je me sens déjà à moitié vengé !

18 AVRIL

Ma fièvre est un peu moins forte que les jours précédents, mais l'amélioration est peu sensible ; je ne peux
me traîner et ma surdité persiste.

Je compte partir dans quelques jours parce qu'il
faut quinze jours environ pour avoir une réponse à la
demande que nous faisons de partir à nos frais.

Cet espoir de partir va me soutenir pendant ces
quelques jours d'attente, sans cela, je me mettrais au
lit pour ne plus me relever.

Un perruquier allemand est venu dans ma casemate
pour me demander si je voulais me faire raser ; je lui
ai répondu que j'étais malade et que par conséquent, je
n'en avais pas envie.

Il paraît qu'en Prusse, les perruquiers font de la médecine, car, après m'avoir demandé ce que j'avais et
avoir appris par quelques paroles et surtout par mes
gestes, que les purges que je prenais ne produisaient
aucun effet, il m'a dit qu'il se chargeait de me guérir.

Il a disparu au plus vite ; il est revenu une demi-
heure après, ayant sous son bras gauche une..... serin-
gue qui mesurait au moins 0 ^{m} 60 de longueur !

Il apportait en même temps avec lui, tout ce qu'il
fallait pour l'opération chirurgicale à laquelle il vou-

lait se livrer, c'est-à-dire de l'eau chaude et une grande fiole d'huile.

C'était pour la première fois de ma vie !

Pensant que cela me soulagerait, j'ai consenti à me laisser faire, malgré les fortes appréhensions que j'éprouvais à la vue de ce gros canon. Comme il commençait à faire nuit dans la casemate, c'est mon dernier compagnon de captivité, le capitaine Jourdet, des francs-tireurs de l'Aude, qui a tenu la chandelle !

Cet artilleur de la pièce humide n'était pas de première force, tout au moins comme pointeur, car, au premier feu, il n'est rien arrivé à destination ; il avait manqué le but !

Mon grand gaillard (il avait au moins 1 m 90) ne s'est pas découragé pour si peu ; il s'est remis tranquillement à recharger son arme, séance tenante, et, cette fois, après bien des tâtonnements et autant de soubresauts de la part de sa victime, il a fini par obtenir un succès re latif.

J'étais trop fortement blindé paraît-il, puisque le projectile à peine lancé, est venu éclater entre ses jambes.

Eh bien ! je suis obligé de reconnaître que cet artilleur avait de la bravoure, car il n'a pas bronché d'une semelle pour éviter les éclats !

Pendant que j'étais en train de rire avec le capitaine Jourdet, et je vous dirai tout à l'heure pourquoi, il se mettait en demeure de recommencer.

Que voulez-vous ?

Je l'ai laissé faire une troisième fois, mais je ne sais pas si c'est fatigue ou surexcitation nerveuse produite par l'odeur de la poudre, il a été tellement maladroit dans ses préliminaires, que je l'ai envoyé faire son tir ailleurs.

Je ne pouvais plus y tenir, et l'ai remercié de ses bons offices par un thaler (3 fr. 75).

Ce qu'il y a de plus beau dans toute cette affaire, ce sont les entr'actes, qui provoquaient, chez mon compagnon de casemate surtout, une hilarité sans pareille ; quant à moi, je me tenais toujours contre le mur, ne riant que d'un œil.

Imaginez-vous que ce fameux artilleur dévissait la canule qui venait de faire feu, et pour ne pas la salir davantage en la posant à terre, *ou peut-être pour la nettoyer*, il la mettait profondément dans sa bouche pendant qu'il rechargeait son arme, et tout cela, avec un naturel qui nous désarçonnait.

Non, vraiment, il n'est pas possible de voir quelque chose de plus désopilant ; la preuve, c'est que, malgré mon état de maladie, je me suis surpris, à la fin, riant à gorge déployée.

Je me rappellerai longtemps cette séance !

19 AVRIL

J'ai eu beaucoup de fièvre toute la nuit dernière, ainsi que toute la matinée, jusqu'à midi.

Je n'entends pas parler de mon départ, les affaires de Paris viendront-elles encore apporter un nouveau retard à la reddition des prisonniers ?

Tout devient possible pour moi, maintenant.

En admettant que je parte bientôt, faudra-t-il reprendre mon sabre pour faire une campagne à l'intérieur ?

Oh ? cette idée me navre le cœur et jette une note des plus sombres sur mon retour dans ma Patrie.

Me battre contre des Français !

Je n'ai plus le courage d'exprimer ma pensée, je vais me mettre au lit, car je sens que ma tête s'en va.

20, 21, 22 ET 23 AVRIL

Je viens de passer quatre jours sans sortir de mon lit ; ils ne m'ont pas paru longs, l'intensité de ma fièvre m'empêchait de songer à mon existence, mais aujourd'hui, vers les onze heures, on est venu m'annoncer que je partais demain !

A ce mot magique de départ, j'ai bondi sur ma paillasse et me suis retrouvé tout droit ; mais, après cet effort, je suis retombé.

Combien de temps suis-je resté sans connaissance ? Cinq ou six heures sans doute, car ce n'est que vers les six heures du soir que je suis revenu à moi, et en ouvrant les yeux, j'ai vu le capitaine Jourdet qui se précipitait dans mes bras, avec des larmes dans les yeux : « Je vous ai crû perdu, m'a-t-il dit, heureusement vous voilà revenu à vous. »

Je ne comprenais rien ni à ce qu'il faisait, ni à ce qu'il me disait, mais lorsqu'il m'a eu parlé de mon départ, je me suis tout rappelé.

J'allais être libre !

J'ai voulu me lever et m'habiller, hélas ! je ne le pouvais pas ; j'ai demandé son assistance, et c'est assis sur ma triste paillasse que je fais le dernier récit de ma captivité.

24 AVRIL

Trois officiers prussiens sont venus me prendre ce matin pour me conduire à la gare de Lötzen ; je leur ai dit qu'il m'était impossible de m'y rendre à pied, en raison de l'état de faiblesse dans lequel je me trouvais ; on m'y a fait porter.

Avant de monter en wagon, ces officiers ont osé me
tendre leurs mains.

Un regard de mépris en a fait justice !

. . . .

Je ne me suis senti vraiment à mon aise que lorsque
le sifflet de la locomotive s'est fait entendre et que le
train qui m'emportait s'est mis en marche ; j'ai ouvert
la portière et me suis mis à respirer l'air à pleins poumons.

Je quittai enfin ce maudit pays, je n'étais plus entre
leurs griffes !

J'étais libre !

Je rentrais en France !

ÉPILOGUE

J'ai mis plus de quarante-huit heures pour traverser toute l'Allemagne en diagonale du nord-est au sud-ouest ; je sentais mes forces revenir à mesure que j'avançais.

J'ai traversé Berlin sur l'impériale d'un omnibus, afin de respirer plus à mon aise, et aussi pour bien voir cette trop fameuse capitale de la Prusse ; je l'ai trouvée exécrable et parfaitement à l'unisson de ses environs qui ressemblent à un véritable désert.

En arrivant à Lunéville, je me suis empressé d'offrir mes services au Gouvernement, malgré le mauvais état de ma santé.

L'Intendance m'a dirigé sur mon régiment, qui se trouvait dans le Midi de la France, à Dax ; j'en ai profité pour aller embrasser mes vieux parents à Pamiers (Ariège).

Ma pauvre vieille mère, *presque aveugle,* m'a reconnu au son de ma voix, lorsque je me suis jeté à son cou, mais, en tâtant mes membres, comme elle avait l'habitude de le faire, pour s'assurer que je me portais bien, elle s'est écriée en fondant en larmes : « *c'est un squelette qu'on me renvoie !* »

Jeunes Français, pour qui je fais paraître ces mémoires, *méditez les paroles de ma mère !*

Considérez les Prussiens comme des sauvages !

Ils méritent que l'on fasse, à leur égard, ce que nous

faisions autrefois en nous battant contre les bédouins :
« *garder toujours une balle pour ne pas tomber*
« *vivants entre leurs mains !* »

Il faut que ce soit leur punition, aux yeux de
l'Europe civilisée !

TABLE DES MATIÈRES

— · + > · < + — ·

www.ingramcontent.com/pod-product-compliance
Lightning Source LLC
Chambersburg PA
CBHW052349090426

42739CB00011B/2361